AF188516

Bruno, der Messdiener

Gewidmet:
Meiner Mutter, Brigitte Hoenig (1921-2016)

BRUNO HOENIG

Bruno, der Messdiener

Erfahrungen mit der Kirche

Zum Autor:

Bruno Hoenig, Jahrgang 1948, ist immer noch römisch-katholisch. Er war 10 Jahre Messdiener und 9 Jahre Schüler eines katholischen Gymnasiums, das von Jesuiten geleitet wurde. Außerdem war er Jugendvertreter im Pfarrgemeinderat.

Er studierte Sport und Geschichte und hat von 1976 bis 2011 als Lehrer im Hamburger Schuldienst gearbeitet.

Bibliografische Information der Deutschen Nationalbibliothek:

Die Deutsche Nationalbibliothek verzeichnet diese Publikation in der Deutschen Nationalbibliografie; detaillierte bibliografische Daten sind im Internet über http://dnb.dnb.de abrufbar.

© 2020 Bruno Hoenig

Satz, Umschlaggestaltung, Herstellung und Verlag:
BoD – Books on Demand, Norderstedt

ISBN: 978-3-7504-9240-0

Vorwort

Religionen sind in den letzten Jahrzehnten immer häufiger in den Mittelpunkt öffentlicher Diskussionen gerückt. Oft durch negative Schlagzeilen, wenn über Anschläge religiöser Fanatiker und über Terroristen mit religiösem Hintergrund berichtet wurde. Oder wenn es um Opfer sexueller Gewalt durch geistliche Täter ging. Und wenn Regierungschefs sich bei der Durchsetzung ihrer Interessen auf Heilige Schriften berufen haben.

Religionen sind deshalb für viele Menschen der Quell des Bösen. Für andere sind sie Hüter von Moral und Anstand, die dem Leben erst einen Sinn geben.

Über den Wert und Nutzen von Religionen lässt sich streiten.

Ob Religionen das friedliche Zusammenleben von Menschen eher fördern oder eher gefährden, hängt letztlich vom Bewusstsein des einzelnen Mitglieds einer Religionsgemeinschaft ab. Wie es seine Religion begreift und mit ihr umgeht.

Der individuelle Umgang mit einer Religion wird meistens schon ab dem frühesten Kindesalter erlernt. Und Prägungen in der Kindheit lassen sich nicht so leicht abschütteln.

Auf der Erde gibt es eine Vielzahl von Religionsgemeinschaften. Die mitgliederstärkste von ihnen ist die römisch-katholische Kirche. Und in diese bin ich hineingewachsen, nicht ganz ohne Folgen.

Das wurde mir wieder einmal bewusst, als ich vor einiger Zeit einen katholischen Gottesdienst besuchte.

Ich ertappte mich dabei, wie ich das Glaubensbekenntnis aus Gewohnheit mitsprach. Bei einigen Textstellen geriet ich ins Stocken. Denn das Glaubensbekenntnis verlangt dem Bekennenden einiges ab: den Glauben an die Dreifaltigkeit Gottes, die Geburt Jesu durch die Jungfrau Maria und seine Auferstehung nach dem Tod. Spätestens bei dem Satz »Ich glaube an die heilige katholische Kirche« stellte ich das Sprechen ein. Glaubte ich das wirklich?

Erinnerungen an meine Kindheit und Jugend wurden wach und ich beschloss, mich mit meiner religiösen Erziehung und der römisch-katholischen Glaubenslehre noch einmal etwas intensiver auseinander zu setzen.

Besonders prägend für meine katholische Sozialisation war die Zeit als Messdiener: von 1956 bis 1966, von meinem achten bis zu meinem achtzehnten Lebensjahr.

Um diese Zeit geht es im Folgenden, aber mit einem Unterschied zur Vergangenheit: Bruno hat, wie er hier dargestellt wird, keine Scheu nachzufragen, wenn er etwas in der katholischen Kirche nicht versteht oder Zweifel hat. Das war in dieser Zeit für einen jungen Messdiener absolut unüblich, da das Bewusstsein und der Mut für offene und kritische Fragen in der Regel fehlten. Die Jahrzehnte später formulierten Fragen holen nach, was Bruno als junger Ministrant versäumt hat.

Vorab: Ich bin als Messdiener nie sexuell belästigt oder missbraucht worden. Das war für mich zum Glück kein Thema und ich wurde damit auch nicht indirekt konfrontiert.

Warum ich mich dann mit diesem Thema beschäftigen würde, wenn ich nicht traumatisiert worden sei, fragte mich ein Freund, als ich von meinem Schreibvorhaben erzählte. Ich sagte ihm, dass meine Haltung zur katholischen Kirche in den letzten Jahrzehnten zunehmend distanzierter und kritischer geworden, ich aber immer noch Mitglied der katholischen Kirche sei, auch diesem ambivalenten Verhalten wolle ich nachgehen. »Was, du bist immer noch katholisch?«, staunte der Freund, »warum das denn?« Die Beantwortung dieser Frage fiel mir nicht leicht. Ich merkte, wie ich nach Erklärungen suchte und ertappte mich dabei, wie ich um die Frage herumredete und in Zeiten meiner Kindheit landete.

Auch dieses Gespräch bewog mich, mein Verhältnis zur Kirche zu überprüfen.

Da ich glaube, dass außer mir noch andere Menschen in ähnlicher Weise religiös erzogen worden sind, möchte ich meine Erfahrungen publik machen.

Um ein wenig Distanz zu meiner katholischen Erziehung herzustellen, habe ich bei der Darstellung meiner Zeit als Messdiener auf die Ich-Form verzichtet.

Ziel des Buches ist es nicht, mit Theologen über den wahren Gott und die Bibel als Gottes Wort wetteifern zu wollen. Da hat sich schon so mancher – auch große Geist – abgemüht.

Mir geht es vielmehr darum, mein Hineinwachsen in die römisch-katholische Kirche darzustellen und im Nachhinein meine Zweifel und meine Skepsis gegenüber der Kirche deutlich zu machen, in der ich immerhin zehn Jahre als Messdiener fungiert habe. Während dieser Zeit bin ich sehr häufig mit dem Begriff der »Sünde« konfrontiert worden. Von früher Kindheit an wuchs ich mit Schuldgefühlen auf. Möglicherweise haben andere

Menschen, die auch religiös erzogen worden sind, gleiche oder ähnliche Erfahrungen gemacht.

Gleichzeitig wollte ich mich etwas mehr mit der Geschichte des Christentums befassen, die in der Kirche meiner Wahrnehmung nach gerne verdrängt wird.

Das Buch könnte ein Anlass sein, Gespräche über Glaubensvorstellungen und Religionen in Gang zu bringen.

Wenn sich möglichst viele Menschen kritisch mit ihrer Religion auseinandersetzen würden, könnte das vielleicht die Zahl religiöser Fanatiker verringern und den Frieden auf der Welt ein bisschen sicherer machen. Und Regierungen in aller Welt könnten dann Religionen nicht mehr so einfach für ihre politischen Ziele instrumentalisieren.

Das Hinterfragen religiöser Gewohnheiten und sogenannter »heiliger Schriften« könnte auch dazu beitragen, den Umgang mit der eigenen Religion zu relativieren und Gebote aus einer kritischen Distanz zu betrachten.

Sämtliche Namen, auch die der beiden erwähnten Gemeinden, sind fiktiv. Authentisch sind lediglich die Namen der katholischen Gymnasien in Hamburg.

Anmerkungen sind mit Zahlen in eckigen Klammern gekennzeichnet und werden im Anhang erklärt. Mit »Kirche« ist vor allem die Amtskirche der römisch-katholischen Kirche gemeint und nicht die Gesamtheit aller Katholiken.

Erstes Kapitel

„Bruno, du willst doch bestimmt auch gerne Messdiener werden?«, fragte der Pfarrer von Sankt Jakob in Oberlengsfeld, einer kleinen hessischen Dorfgemeinde unweit von Bad Hersfeld.

Bevor Bruno zustimmte, zögerte er für den Bruchteil einer Sekunde, was Hochwürden nicht verborgen blieb.

»Hörst du gerade das Läuten der Glocken?« vergewisserte sich der Geistliche, denn das Dröhnen der gusseisernen Kirchenglocken war eigentlich nicht zu überhören. Bruno nickte.

»Es gibt nichts Schöneres auf der Welt als Gott zu dienen, mein Junge! Das Läuten der Glocken erinnert uns stets an unsere Pflichten gegenüber unserem Herrgott!«

»Ja, Hochwürden«, stimmte der Achtjährige artig zu und dachte dabei an seine beiden älteren Brüder, die bereits Messdiener waren. Und von ihnen wusste er, dass das Amt des Messdieners nicht nur mit Ansehen und Ehre verbunden war, sondern auch mit Verzicht und Opfern, wie zum Beispiel frühem Aufstehen an Sonn- und Feiertagen, nüchtern zum Gottesdienst erscheinen und lateinische Messgebete auswendig lernen.

Aber warum hätte Bruno »nein« sagen sollen, wenn seine Eltern und der Herr Pfarrer wollten, dass er Messdiener würde? Waren nicht alle Verwandten mächtig stolz auf ihn gewesen, als er vor wenigen Wochen die Erste Heilige Kommunion empfangen hatte?

Bruno konnte nicht anders als nicken. Vor den Osterferien 1956 war er gerade in die dritte Klasse versetzt worden. Einfache Bücher konnte er schon gut lesen und das kleine Einmaleins beherrschte er sicher. Darauf war er sehr stolz.

«Wann fängt der Unterricht für die Messdiener denn an?«, erkundigte sich Bruno.

»Nächsten Mittwoch um 17 Uhr«, erwiderte Hochwürden und lächelte zufrieden in sich hinein.

Der Unterricht für die Messdiener begann pünktlich und sehr zielgerichtet. »Beim Confiteor, dem Schuldbekenntnis aller deiner Sünden, musst du als Messdiener zu Beginn der Heiligen Messe kniend deinen Oberkörper deutlich neigen und mit der rechten Hand drei Mal auf deine Brust klopfen, wobei du laut und vernehmbar »mea culpa, mea culpa, mea maxima culpa« sagst! Die Gemeinde muss das sehen und hören können«, erklärte der Herr Pfarrer.

»Und was heißt das?«

»Durch meine Schuld, durch meine Schuld, durch meine übergroße Schuld«, übersetzte Hochwürden und fügte hinzu: »Du bekennst vor Gott deine Schuld als sündiger Mensch. Übersetzt aus dem Lateinischen heißt es wörtlich im Confiteor: ›Ich bekenne Gott, dem Allmächtigen, der seligen, allzeit reinen Jungfrau Maria, dem heiligen Erzengel Michael, dem heiligen Johannes dem Täufer, den heiligen Aposteln Petrus und Paulus, allen Heiligen und Dir, Vater, dass ich viel gesündigt habe, in Gedanken, Worten und Werken: durch meine Schuld, durch meine Schuld, durch meine übergroße Schuld. Darum bitte ich die selige, allzeit reine Jungfrau Maria, den heiligen Erzengel Michael, den heiligen

Johannes den Täufer, die heiligen Apostel Petrus und Paulus, alle Heiligen und Dich, Vater, für mich zu beten bei Gott, unserem Herrn‹.«

Bruno guckte den Geistlichen erstaunt an. Soviel Schuld, fand er, hatte er eigentlich noch gar nicht auf sich geladen. Selbstverständlich hatte er hin und wieder versäumt, das Nachtgebet zu sprechen, weil er einfach zu müde gewesen war. Es kam auch vor, dass er seine kleine Schwester geärgert und ein Stückchen Schokolade aus dem Küchenschrank stibitzt hatte. Oder dass er seinen Eltern nicht immer sofort gehorcht hatte. Gelegentlich hatte er auch die Hausaufgaben für die Schule nicht vollständig gemacht.

Ein »mea culpa«, auch ohne sich an die Brust zu klopfen, hätte dafür gereicht, dachte Bruno. Aber das behielt er für sich. Denn Widerspruch schätzte Hochwürden nicht.

Dies hatte Bruno schon beim Kommunionunterricht wenige Monate zuvor erlebt, als er nachfragte, ob es wirklich so sei, dass durch die Wandlung im Gottesdienst die Oblate zum Leib Christi werde und der Wein zum Blut Christi. Blut sehe doch ganz anders aus als Wein.

»Bruno, beim Abendmahl wird Jesus Christus gegenwärtig durch die heilige Wandlung. Brot und Wein verwandeln sich in ihrem Wesen.«

»Wie geht das denn?«, staunte Bruno.

»Das ist die Lehre von der Transsubstantiation«, erklärte der Herr Pfarrer.

Überzeugt war Bruno nicht, eher ratlos. Er blickte den Geistlichen verständnislos an. Deshalb fügte Hochwürden hinzu: »Für Gott ist nichts unmöglich!«

Seit diesem Tag wurde Bruno beim Herrn Pfarrer

unter der Rubrik »schwieriger« Messdiener geführt. Als »schwierig« galten alle, die aus Sicht von Hochwürden unnötige oder dumme Fragen stellten und sich schwertaten, traditionelle Formen der Liturgie zu verstehen.

Zuhause angekommen fragte Bruno seine Mutter, was es mit der Lehre von der Transsubstantiation auf sich habe.

»Noch nie gehört«, sagte sie kopfschüttelnd.

»Das kann nicht sein!« Auf Brunos Gesicht zeichnete sich ungläubiges Staunen ab. »Du bist doch jeden Sonntag dabei. Es geht um die Wandlung im Gottesdienst.«

»Ach so, sag das doch gleich! Diesen lateinischen Begriff dafür habe ich noch nie gehört. Da musst du Opa Willi fragen, der weiß bestimmt etwas darüber!«

Brunos Großvater väterlicherseits war ein Unikum, ein wandelndes Lexikon. Was er einmal gelesen oder gehört hatte, saugte er auf wie ein Schwamm. »Weiß ich nicht« kam selten über seine Lippen.

Willi lächelte, als er mit der Frage konfrontiert wurde. Für einen kurzen Moment wirkte er belustigt aufgrund des ungewöhnlichen Fachbegriffs aus dem Mund eines Achtjährigen.

Dann schimpfte er: »Typisch klerikal! Wenn es unverständlich wird, sich hinter ′nem Dogma verschanzen. 1215 wurde diese Lehre im 4. Laterankonzil zum Dogma erhoben. [A1]

Nach dieser Lehre ist es so, dass im Gottesdienst durch göttliche Macht Wein und Brot in das Blut und den Leib Christi umgewandelt werden, Brot und Wein aber trotzdem in ihrer Form bestehen bleiben.«

»Das verstehe ich nicht«, sagte Bruno.

»Ich auch nicht«, gab Willi zu und schob die Begründung hinterher: »Für mich sind das Symbole. Sie sollen eine Erinnerung an das Vorbild Jesus und das letzte Abendmahl mit seinen Jüngern sein.«

»Und warum erzählt mir der Herr Pfarrer das nicht so?«

»Weil diese Erklärung nach katholischer Lehre eben nicht ausreicht. An die Glaubenssätze der Amtskirche, auch Dogmen genannt, muss sich Hochwürden schon halten. Sonst fliegt er aus der Kirche. Aber wahrscheinlich glaubt er es selbst.«

Bruno reichte es fürs Erste.

Dass die Kirche so rigoros mit ihrem Personal umspringen würde, hätte er nicht gedacht. Hinzu kam: Es gab nicht nur ein Dogma in der katholischen Kirche, sondern über zweihundert, wie zum Beispiel die Himmelfahrt Marias, Marias unbefleckte Empfängnis und die Unfehlbarkeit des Papstes in Glaubensfragen, um nur drei zu nennen. [A2]

Im Unterricht für die Messdiener lernte Bruno mit drei anderen Achtjährigen, wie man ein Messgewand anzieht, wie man dem Geistlichen beim Zelebrieren der heiligen Messe durch Handreichungen hilft, wie man Fackeln oder Kerzen trägt, wie man richtig mit der Schelle umgeht, wie man die Kollekte einsammelt und vieles mehr. Und selbstverständlich das Aufsagen von Messgebeten auf Latein. Die Heilige Messe, der katholische Gottesdienst, wurde damals noch auf Latein gelesen. Nur die Lesungen und das Evangelium erfolgten auf Deutsch. [A3]

In der Dorfgemeinde gab es außer Bruno und seinen

beiden Brüdern noch fünf weitere Messdiener, selbstverständlich alles Jungen. Mädchen durften damals nicht Messdiener werden. Ihnen war der Zutritt zu diesem Amt verwehrt. Das wurde auch nicht in Frage gestellt, es war eben so. Brauchtum und Traditionen wurden sorgsam gepflegt und kaum hinterfragt.

Als Messdiener eingesetzt wurde Bruno zum ersten Mal Pfingsten 1956.

Der Pfingstsonntag in jenem Jahr war ein strahlend blauer und sehr heißer Sommertag. Um 10 Uhr war ein feierliches Hochamt angesetzt, bei dem Bruno und sein Bruder Heinz als Messdiener eingeteilt waren. Beide hatten nicht gefrühstückt, weil man drei Stunden vor dem Empfang der Kommunion nüchtern bleiben musste. Um 7 Uhr hatten sie deshalb nicht aufstehen wollen. Bald nach dem Eingangslied forderte der Herr Pfarrer Bruno auf, Weihrauchkörner auf die glühenden Kohlen im Inneren des Weihrauchfasses zu geben, was mittels eines kleinen Silberlöffels geschah. Die silberne Schale mit Weihrauch durfte Bruno tragen. Hochwürden verlangte an diesem Tag vier gehäufte Löffel Weihrauch statt der üblichen zwei. Die Folge: Der gesamte Altarraum war nach kurzer Zeit von einer dichten duftenden Rauchwolke durchflutet und mitten drin in den Weihrauchschwaden stand Bruno.

Während Hochwürden die von Weihrauch durchdrungene Luft begierig einsog, kämpfte Bruno schon nach wenigen Minuten mit ersten Anzeichen von Übelkeit.

Dann folgte die Predigt. Während dieser mussten die Messdiener stehen, so war es in St. Jakob üblich.

Der Herr Pfarrer holte aus und berichtete über die

Anfänge der Kirche, während Bruno mehr und mehr das Bedürfnis nach frischer Luft und einem knusprigen Brötchen, das dick mit Pflaumenmarmelade belegt war, verspürte.

Als Hochwürden nach etwa zwanzig Minuten in seiner Predigt endlich bei Paulus, dem die Gründung der christlichen Kirche zugeordnet wird, angelangt war, passierte es: Bruno wurde schwarz vor Augen. Die Beine versagten ihren Dienst. Er sackte vor dem Altar ohnmächtig zusammen und fiel wie ein nasser Sack zu Boden. Dabei stieß er mit dem Kopf auf eine Altarstufe.

Als er die Augen ein wenig später aufschlug, sah er, wie Schwester Hildegard ihm frische Luft in der Sakristei zufächelte. Sie lächelte nachsichtig und erklärte: »Nur ein kleiner Schwächeanfall, das geht vorüber!« Dann reichte sie ihm ein Glas Wasser und danach ein Brötchen, das dick mit Butter beschmiert war, leider ohne Marmelade.

Um die Beule an der Stirn etwas zu kühlen, bekam Bruno einen feuchten Waschlappen zum Kühlen in die Hand gedrückt. Seine Funktion als Messdiener war für diesen Tag beendet.

Etwas Gutes brachte Brunos Ohnmacht doch noch mit sich. Die Messdiener durften fortan während der Predigt sitzen. Bruno war sich ziemlich sicher, dass diese nicht unwesentliche Reform – aus Sicht der Messdiener – dem Drängen von Schwester Hildegard zu verdanken war, die es sicherlich vorzog, dem Gottesdienst durchgehend in Andacht beizuwohnen statt mittendrin Erste Hilfe leisten zu müssen.

Nur wenige Wochen nach diesem Vorfall wirkte der Herr Pfarrer von Sankt Jakob sehr angespannt. Das lag dieses Mal nicht an Bruno, sondern an der unmittelbar bevorstehenden Firmung, die in der Gemeinde stattfinden sollte. Und zu diesem Zweck hatte der Herr Erzbischof von Fulda sein Erscheinen angekündigt.

Thema der Messdienerstunde vor dem Besuch des Bischofs war deshalb unter anderem auch: «Wie lautet die offizielle Ansprache für den hohen Würdenträger durch die Gemeindemitglieder?«

Der Herr Pfarrer verlangte absolutes Silentium, um die Anrede bedeutungsvoll vortragen zu können. »Sie lautet: Seine Exzellenz, hochwürdigster Herr Bischof!« Dabei schaute er jeden einzelnen der neun Messdiener scharf an.

»Habt ihr das kapiert?«

»Jawohl Hochwürden«, schallte es ihm entgegen.

Selbstverständlich wurde in dieser Stunde auch geübt, was jeder einzelne Messdiener bei dem Festgottesdienst zu tun hatte. Bruno sollte bei der Wandlung, dem Höhepunkt der heiligen Messe, schellen.

Dann war es so weit: Seine Exzellenz erschien zur Firmung in einer großen schweren Limousine, gesteuert von seinem Chauffeur. Begleitet wurde seine Exzellenz von seinem persönlichen Sekretär, einem jungen Kaplan.

»Die Firmung ist ein sichtbares Zeichen der Orientierung bei der Suche nach Lebenszielen. Ihre Gnadenwirkungen sind: Festigung des Glaubens und Glaubensbewährung im Leben. Und ihr Firmlinge bekennt heute feierlich eure Zugehörigkeit zur heiligen katholischen Kirche und zum wahren Glauben«, sagte der Herr Bischof am Beginn der feierlichen Zeremonie zur Begrüßung mit großer Freude und überschwänglicher Herzlichkeit. Und dann begann der eigentliche Festgottesdienst – wieder mit Weihrauch. Zum Glück nahm seine Exzellenz nur zwei Löffel. Luft zum Atmen blieb also noch und Zeit für einige Beobachtungen. Der Herr Bischof war eher von kleiner Statur, dafür aber mit einem ansehnlichen Bauchumfang ausgestattet. Auf Bruno machte er einen sehr frommen Eindruck, weil er die Hände mit größtmöglicher Sorgfalt und Andacht gefaltet hielt. Finger und Daumen lagen eng gestreckt nebeneinander und zeigten senkrecht nach oben. In kerzengerader Haltung schritt der Herr Erzbischof dermaßen erhaben und würdevoll um den Altar, dass Bruno zwischenzeitlich meinte, es mit einem Heiligen zu tun zu haben. Die Insignien seines Amtes – Mütze, Stab, Ring und Brustkreuz – trug er mit sehr viel Würde und unverkennbarem Stolz. Ihm war bewusst, dass die Augen aller Kirchenbesucher auf ihn gerichtet waren, was ihn keineswegs zu stören schien. Offensichtlich genoss er das Zelebrieren des Hochamtes.

Die Predigt dauerte fast eine halbe Stunde. Seine Exzellenz wollte den Jugendlichen eben einiges mitgeben für ihren weiteren Lebensweg. Obwohl Bruno sich noch so anstrengte, er verstand längst nicht alles. Es ging um die Erbsünde und die Notwendigkeit der Taufe, das Leiden und Sterben Christi und eben die Firmung, die ein ganz wichtiges Sakrament sei und der Vermehrung der heiligmachenden Gnade diene. Nur wer im Glauben fest bleibe, schaffe die Voraussetzung, in den Himmel zu gelangen und die Herrlichkeit Gottes sehen zu dürfen, erklärte der Herr Bischof. Die Firmlinge seien nun Streiter Christi und sollten furchtlos ihren Glauben bekennen.

Bruno beschränkte sich während der weit ausholenden Predigt darauf zu zählen, wie häufig »Gott« vorkam. Es war genau zwölfmal. Und Jesus, sein Sohn, sowie der Heilige Geist tauchten jeweils siebenmal auf. Die Dreifaltigkeit Gottes wurde mit zahlreichen Bibelstellen belegt. Bruno schwirrte der Kopf. Obwohl er sich noch so mühte, er verstand den Sinn vieler Bibelzitate nicht. Und er begriff nicht, wie er sich den dreifaltigen Gott vorzustellen hatte. Seine Exzellenz dagegen vermittelte den Zuhörern den Eindruck, über Gott genauestens Bescheid zu wissen. Er sprach über Gott, als kenne er ihn seit langem persönlich, und das in allen Lebenslagen.

Niemand in der Kirche schien traurig zu sein, als die Predigt mit einem nicht zu überhörenden »Amen« endete.

Wenig später passierte das Unfassbare: Bruno vergaß bei der Wandlung zu schellen. Er war so fasziniert von den Zeremonien um seine Exzellenz – Mütze auf, Mütze runter; Stab halten, Stab nicht halten; Weihrauchfass schwenken, Weihrauchfass nicht schwenken –, dass er seine Aufgabe völlig vergessen hatte. Zum Glück übernahm sein Bruder Heinz das Schellen, sodass nur dem Herrn Pfarrer Brunos Missgeschick aufgefallen war.

Unmittelbar nach dem Gottesdienst stellte Bruno dem Herrn Bischof in der Sakristei eine Frage. Dieses war weder eingeübt noch vorgesehen und löste deshalb bei seinem Gemeindepfarrer gewaltige Irritationen aus, was dieser durch ein mehrfaches, sehr energisches Kopfschütteln zum Ausdruck brachte.

»Seine Exzellenz, Hochwürdigster «, fing Bruno an.

»Sag bitte einfach Herr Bischof zu mir«, unterbrach ihn freundlich seine Exzellenz.

»Herr Bischof«, sagte Bruno etwas stockend, »ich habe da eine Frage.«

»Nur zu, mein Junge in Christo«, ermunterte ihn der Bischof.

»Wo wohnt der liebe Gott und wie sieht er aus?«

»Ah, gleich zwei Fragen auf einmal«, lächelte der Bischof, »und dazu keine einfachen.« Bruno sah, wie seine Exzellenz für einen kurzen Moment nach den passenden Worten zu suchen schien, bevor er antwortete. »Der liebe Gott wohnt vor allem in unseren Herzen. Er treibt uns an, Gutes zu tun. Und er liebt jeden Menschen so sehr, dass er selbst Mensch wurde in der Person von Jesus. Und von Jesus hast du doch sicherlich im Kommunionunterricht gehört?«

Bruno nickte zögerlich und sah dabei aus den Augenwinkeln die angespannten Gesichtszüge seines Pfarrers.

»Und ich dachte immer, der liebe Gott ist der Vater von Jesus und wohnt im Himmel«, konnte Bruno seine Enttäuschung nicht verbergen.

»Da hast du vollkommen recht«, pflichtete ihm der Herr Bischof nickend bei. »Da wohnt er selbstverständlich auch. Wo der liebe Gott ganz genau wohnt und wie er aussieht, das bleibt sein Geheimnis.«

»War denn Jesus Gottes Sohn oder Marias Sohn?« wollte Bruno noch schnell wissen.

»Beides!«

»Waren Gott und Maria verheiratet?« platzte es aus Bruno heraus.

»Nein!« lachte seine Exzellenz. »Das ist ein wenig komplizierter! Das wird dir der Herr Pfarrer sicherlich gerne in der nächsten Messdienerstunde in aller Ruhe erklären!«

Und dann verließ der hohe Würdenträger mit seinem Personal die Sakristei, um zum Mittagessen ins Pfarrgebäude zu eilen. Beim Hinausgehen gab er Bruno noch einen wohlwollenden leichten Klaps auf die Schulter und lächelte sogar ein wenig, während der Herr Pfarrer mit verschlossener starrer Miene an ihm vorbeilief. Wahrscheinlich dachte dieser schon daran, wie er Bruno die Schwangerschaft Marias erklären könnte. Aber dazu kam es in diesem Jahr nicht mehr.

Nach den Sommerferien hatte Hochwürden den Auftrag seiner Exzellenz offenbar vergessen und Bruno dachte auch nicht mehr daran.

Im Herbst 1956 zog Bruno mit seiner Familie nach Hamburg um. Sein Vater hatte sich dort auf eine Beamtenstelle beworben.

Der Umzug war für Bruno und seine Geschwister mit großem Unbehagen und vielen Ängsten verbunden: Wie würden sie klarkommen in einer Stadt mit fast zwei Millionen Einwohnern, in der sie bis auf ihre Großmutter und zwei Tanten niemand kannten? Wie würden die neuen Schulen sein, wie die neue Kirchengemeinde? Und wie würden sie dort von den anderen Messdienern aufgenommen werden?

Zweites Kapitel

Für Brunos Karriere als Messdiener bedeutete der Umzug nach Hamburg: zurück auf null. Ein völliger Neuanfang stand ihm bevor. Bevor er hier als Messdiener einsteigen konnte, musste er noch einige Monate die Schulbank drücken. In Hamburg Altona, in der Gemeinde Sankt Elisabeth, durfte man nämlich erst ab der vierten Volksschulklasse Messdiener werden, und zwar als Fackelträger.

In St. Elisabeth war alles eine Nummer größer als in der hessischen Dorfgemeinde: die Kirche, die Zahl der Gemeindemitglieder, die Anzahl der Geistlichen und die Gruppe der Messdiener. Der Herr Pfarrer, ein Kaplan und ein Vikar betreuten die Gemeinde in Altona. Wenn man hier als Messdiener etwas werden wollte, musste man sich hocharbeiten: vom Fackelträger über Nebenmessdiener, Hauptmessdiener, Obermessdiener bis hin zum Lektor. Für die 24 Messdiener, die zwischen neun und achtzehn Jahre alt waren, war ein Kaplan zuständig.

In Hamburg war es nicht üblich, die Geistlichen mit »Hochwürden« anzusprechen. »Herr Pfarrer« reichte.

Ebenso wie in Hessen waren auch in Hamburg die Katholiken in der Minderheit.

Die eindeutige Mehrheit der Christen war protestantischen Glaubens. Das Leben in der Diaspora, wie Brunos Eltern es nannten und empfanden, ging weiter. Der Umgang mit gleichaltrigen evangelischen Kindern wurde begrenzt, indem Bruno und seine Geschwister in katholischen Schulen untergebracht wurden.

Seine erste Bewährungsprobe als Messdiener in Hamburg hatte Bruno bei der Taufe seines jüngsten Bruders Matthes Ende Dezember 1957, und zwar als Fackelträger. Die Eltern meinten, der Junge müsse so schnell wie möglich getauft werden, denn ungetauft käme man nicht in den Himmel.

Kindstod war zwar sehr selten, aber er kam vor.

Deshalb erfolgte die Taufe schon wenige Wochen nach der Geburt, was in den meisten katholischen Familien üblich war.

Bruno und die beiden anderen Fackelträger machten zur Zufriedenheit des Herrn Kaplan bei der Taufzeremonie alles richtig. Nur die Notwendigkeit der frühen Taufe hatte Bruno nicht kapiert, denn sein kleiner Bruder schrie wie am Spieß, als er getauft wurde. Und seine Paten, Tante Marianne und Onkel Peter, mussten für den Täufling alle Fragen des Geistlichen beantworten.

Für Bruno Grund genug nachzufragen, als die Zeremonie beendet war und er mit Kaplan Müller als letzter Messdiener allein in der Sakristei war.

»Warum, Herr Kaplan, kommen ungetaufte Kinder nicht in den Himmel?«

»Ist es so? Wer sagt das?«, wollte der Geistliche wissen.

»Meine Eltern glauben das, jedenfalls meine Mutter. Sie befürchtet, dass Ungetaufte nicht in den Himmel kommen, möglicherweise sogar in die Hölle.« Bruno merkte, dass der Herr Kaplan etwas zögerte, bevor er schließlich antwortete: »Nun ja, nach katholischer Lehre ist durch den Sündenfall Adams und Evas im Paradies die Schuld und die Sündhaftigkeit des einzelnen Menschen angeboren. Deshalb muss jeder Mensch getauft werden, um den Mangel an heiligmachender Gnade auszugleichen.« [A4]

»Also hat meine Mutter recht?«

»Meines Erachtens nicht. Gott ist barmherzig und gerecht. Er wird so viele ungetaufte Menschen nicht ausgrenzen und benachteiligen.«

»Und wie sieht das der Papst?«

»Vermutlich so wie deine Mutter!«

»Sie denken anders als der Papst?«

»In diesem Fall ja.«

Der Kaplan bemerkte Brunos Erstaunen.

»Ich bin nicht Priester geworden wegen des Papstes, sondern trotz des Papsttums! Letztendlich handelt jeder Mensch nach eigener Überzeugung und nach seinem Gewissen. Da kann auch kein Papst helfen!«

Auch wenn Bruno nicht alles verstand, er fand den jungen Kaplan offen und sympathisch. Und einmal in Fahrt gekommen legte Kaplan Müller nach, ungeachtet dessen, dass sein Gesprächspartner noch so jung war: »Dieser unsägliche alleinseligmachende Anspruch der Kirche diente für viele Herrscher und Eroberer als legitime Rechtfertigung für ihre blutigen Feldzüge. Mit dem Segen der Kirche wurden Ungläubige gewaltsam bekehrt, wie zum Beispiel durch Karl den Großen. [A5]

Zum ersten Kreuzzug rief 1095 Papst Urban II. auf, um das Heilige Land von den türkischen Seldschuken zu befreien. [A6]

Und von der größtenteils unter Gewalt erfolgten Missionierungswelle will ich gar nicht erst anfangen.«

»Und was hat das alles mit der Taufe zu tun?« fragte

Bruno neugierig den für einen Moment aufgebracht wirkenden Geistlichen.

»Die Amtskirche meint, die Taufe sei ein Befehl des Auferstandenen. Sie verleihe dem Täufling heiligmachende Gnade und sei für alle Menschen zum Ewigen Heil notwendig. In der Bibel heißt es bei dem Evangelisten Markus: ›Geht hinaus in die ganze Welt, und verkündet das Evangelium allen Geschöpfen! Wer glaubt und sich taufen lässt, wird gerettet; wer aber nicht glaubt, wird verdammt werden.‹

Daraus hat das Christentum seinen Missionierungsauftrag abgeleitet. Päpste und weltliche Herrscher haben die Religion dann auch entsprechend benutzt, um Ungläubige zu unterwerfen. [A7]

Ich hoffe sehr, dass die Lehrmeinung der römisch- katholischen Kirche in Bezug auf die Bedeutung der Taufe und das damit verbundene ewige Leben geändert wird!«

Bruno war beeindruckt von der Art und Weise, in der Kaplan Müller seine Verärgerung über die Kirchenführung in Rom zum Ausdruck brachte: Erregung und Zorn waren spürbar, der Tonfall kontrolliert.

Von der Schuld, die die katholische Kirche während ihres Bestehens auf sich geladen hatte, wusste der frischgebackene Fackelträger Bruno nichts. Er kannte die zehn Gebote, die sieben Sakramente, die wichtigsten Kirchengebote sowie den Beichtspiegel und das Glaubensbekenntnis.

Als Siebenjähriger hatte er im Kommunionunterricht gelernt, wie man beichtet und wie man den Rosenkranz betet. Er wusste Bescheid über die Bedeutung wichtiger Feiertage und das Leben großer Heiliger.

Mit »Kirche« verband Bruno als zehnjähriger Messdiener nur Gutes, Erstrebenswertes, Selbstloses, Barmherziges, Vollkommenes, Ehrenhaftes, Heiliges. Diese Einstellung wurde von Elternhaus, katholischer Grundschule und den Geistlichen in der Gemeinde in übereinstimmender Weise vermittelt.

Brunos Haltung zur Kirche war als Viertklässler geprägt von Ehrfurcht, Respekt, Bewunderung und Demut sowie durch ein immer wieder aufkommendes schlechtes Gewissen, einige Gebote nicht eingehalten zu haben: wie zum Beispiel ein Gebet vor den Mahlzeiten – »Aller Augen warten auf dich, o Herr, und du gibst ihnen Speise zur rechten Zeit; Du tust deine milde Hand auf und erfüllest alles, was da lebt, mit Segen« oder »Komm Herr Jesus, sei unser Gast, und schenk uns alles, was du uns bescheret hast« – zu sprechen und immer aufrichtig zu sein.

Auf die Frage von Tante Gertrud »Wie geht es dir, Bruno?«, antwortete er stets mit »gut«, auch wenn dies nicht immer zutraf. Auf diese Weise hoffte er, weiteren Fragen seiner Tante entgehen zu können, was meistens gelang.

Um von solchen und anderen Sünden, wie zum Beispiel fehlender oder nicht umgehender Gehorsam gegenüber Eltern und Lehrern, frei gesprochen zu werden, ging er einmal im Monat zur Beichte. Denn Gott sehe alles, so war es ihm von den Eltern und Geistlichen stets vermittelt worden. Und mit Schuld und Sünde beladen wollte Bruno nicht herumlaufen.

Ein Leben ohne sonntäglichen Kirchgang konnte er sich als Zehnjähriger nicht vorstellen. Es hätte sein Gewissen zu sehr belastet und ihn bedrückt, weil es als schwere Sünde galt, wenn man sonntags dem Gottesdienst ohne triftigen Grund fernblieb. Höhepunkt des Gottesdienstes war stets der Empfang der heiligen Kommunion. Bevor der Geistliche die Hostien austeilte, verkündete er: »Selig, die zum Mahl des Herrn geladen sind, denn ihrer ist das Himmelreich.« Und die am Gottesdienst Teilnehmenden sprachen daraufhin: »Herr, ich bin nicht würdig, dass du eingehst unter mein Dach, aber sprich nur ein Wort, so wird meine Seele gesund.«

Bruno fühlte sich in dieser Zeit als aufmerksamer und zuverlässiger Messdiener, der nur hin und wieder etwas nicht verstand. Bei nächster Gelegenheit wollte er fragen, was mit den Menschen geschehen würde, die nicht »zum Mahl des Herrn geladen« seien und warum seine zwei Jahre jüngere Schwester Pauline nicht Messdiener werden durfte.

Am Ende der vierten Klasse der katholischen Volksschule musste Bruno zwei Prüfungen machen: die Aufnahmeprüfung für das Gymnasium und die Prüfung zum Nebenmessdiener. Zum Glück bestand er beide.

Auf die Messdienerprüfung hatte er sich mächtig vorbereiten müssen, weil er viele Texte auswendig lernen musste, davon einen Teil in lateinischer Sprache.

Bei der Wahl des Gymnasiums wurde Bruno nicht gefragt. Er sollte, genau wie seine beiden älteren Brüder, auf die St.-Ansgar-Schule gehen. Es war das einzige katholische Gymnasium für Jungen in Hamburg und wurde von Jesuiten geleitet. Die katholische Erziehung Brunos sollte dort nicht nur gefestigt, sondern optimiert werden.

Auch in der St.-Ansgar-Schule wurde Bruno ab der 6. Klasse gelegentlich als Messdiener eingesetzt: morgens um 7.45 Uhr, wenn einer der Jesuiten vor Schulbeginn, der um 8.30 Uhr war, noch seine private Messe lesen wollte. So wurde Bruno in kurzer Zeit zu einem routinierten Messdiener. Das Lesen der heiligen Messe ohne weitere Gottesdienstbesucher dauerte bei einem Jesuiten in der Regel fünfzehn bis zwanzig Minuten. Vielleicht stammt aus dieser Zeit der Spruch: »Die Messe ist gelesen.«

Die Prüfung zum Hauptmessdiener absolvierte Bruno mit zwölf Jahren, die zum Obermessdiener mit vierzehn Jahren. Genau in dem Jahr, in dem Bruno es zum Obermessdiener gebracht hatte, fing das Zweite Vatikanische Konzil an: 1962.

Mit diesem Konzil waren viele Hoffnungen fortschrittlicher Theologen und engagierter Laien verbunden. [A8]

Als vierzehnjähriger Jugendlicher bekam Bruno von all dem kaum etwas mit, worüber in Rom gerungen wurde. »Business as usual«, hieß es für ihn als Messdiener.

Nachdem das Konzil 1965 zu Ende gegangen war, gab es tatsächlich einige Änderungen, die auch Bruno als Messdiener betrafen: Erstens: Die heilige Messe wurde von nun an in der Landessprache gelesen, also in Deutsch.

Zweitens: Vor dem Empfang der heiligen Kommunion musste man nicht mehr drei Stunden nüchtern sein.

Drittens: Messdiener durften auch weiblichen Geschlechts sein.

Diese dritte Reform wurde in St. Elisabeth allerdings erst ab 1969 umgesetzt.

Bruno empfand diese Änderungen als revolutionär, wurde doch mit einigen alten Traditionen gebrochen. Nicht so Kaplan Müller: »Das reicht nicht« war sein erster Kommentar zu den Ergebnissen dieses Konzils.

Der Herr Pfarrer dagegen war zufrieden mit dem Konzil, weil weder Dogmen noch grundsätzliche Traditionen der römisch-katholischen Kirche angetastet oder verändert worden waren. [A9]

Er nahm gerne die Beichte ab, was immer sonnabends zwischen 17-19 Uhr der Fall war. Und die Messdiener wurden vom Herrn Pfarrer dazu angehalten, mindestens alle vier Wochen zur Beichte zu gehen, damit sie sonntags im Gottesdienst mit reinem Gewissen, freigesprochen von allen Sünden, die heilige Kommunion empfangen könnten.

Der Beichtgang war ab der Pubertät deutlich unangenehmer für Bruno geworden, weil er hin und wieder mit dem sechsten Gebot in Konflikt geriet: ›Du sollst nicht unkeusch sein‹. Laut Beichtspiegel der sechziger Jahre war das Spielen mit dem männlichen Glied, dem Penis, sündhaft. Und erst recht das Onanieren. Das zu beichten war sehr peinlich, zumal mancher Beichtvater genau wissen wollte, wann, wo und wie oft das passierte. Und die in Frage kommenden Beichtväter der Gemeinde erkannten Bruno an seiner Stimme, was außerordentlich beschämend war. Da nützte auch die Abdunkelung innerhalb des Beichtstuhls wenig. Inkognito war Bruno nicht.

Das Knien im Beichtstuhl vor dem sitzenden Beichtvater war zwar erniedrigend, aber längst nicht das Schlimmste. Besonders demütigend war, dass der Geistliche durch gezieltes Nachfragen ganz tief in das Innerste des Beichtenden vordringen konnte. Bruno fühlte sich während des Beichtvorgangs ausgeliefert – und schuldig. Zur Buße gab es dann meistens zehn »Vater Unser« und zehn »Gegrüßet seist du, Maria« zu beten auf.

Wenn Bruno ganz großes Pech hatte oder die Last der Sünden aus Sicht des Beichtvaters sehr schwer wog, musste er zur Buße den Rosenkranz beten. Diese Strafe war nicht nur unter den Messdienern sehr gefürchtet, weil selbst ein geübter Rosenkranz-Betender deutlich länger als eine halbe Stunde dafür benötigte. Das Glaubensbekenntnis, zwei Vater Unser und fünfzig Ave Maria waren im zur Buße auferlegten Rosenkranz enthalten, ein durchaus abschreckendes Strafmaß.

Bevor Art und Umfang der Buße festgelegt wurden, bekam man noch gute Ratschläge von dem Geistlichen, wie man die Art von Sünden, die gegen das sechste Gebot verstießen, vermeiden könne. Wenn es einen überkomme, sich mit dem Penis zu beschäftigen, sollte man sich schnell barfuß auf kalte Fliesen stellen, wenn das nicht helfe, mit kaltem Wasser duschen.

Während Bruno den Beichtstuhl verließ, fühlte er sich für einen kurzen Moment erleichtert. Nicht in erster Linie deshalb, weil er durch die Beichte von seinen Sünden freigesprochen worden war, sondern weil er den lästigen und unangenehm empfundenen Beichtgang endlich hinter sich gebracht hatte. Wesentlich bei der Beichte waren die aufrichtige Reue und der gute Vorsatz, die gerade gebeichteten Sünden nie wieder zu begehen. Und da hatte Bruno schon unmittelbar, nachdem er die aufgetragene Buße verrichtet hatte, seine Zweifel, ob ihm das gelingen werde.

Wie es den anderen Messdienern bei der Beichte erging und wie sie sich nach der Beichte fühlten, erfuhr Bruno nicht, weil jeder beschämt seine Sünden für sich behielt. Über den individuellen Beichtgang wurde nicht gesprochen. Auch zu Hause wurden Sünden des Einzelnen nicht thematisiert. Dafür waren nach Meinung der Eltern die Geistlichen in der Gemeinde und die Jesuiten in der Schule zuständig. Und die empfahlen als wirksame Mittel gegen Schuldgefühle und ein schlechtes Gewissen die Einhaltung der Gebote, den regelmäßigen Beichtgang und das tägliche Gebet.

Drittes Kapitel

Am zweiten Advent 1962 sah der vierzehnjährige Bruno beim Kaffeetrinken missmutig auf seinen Teller. Sein Großvater, der gerade zu Besuch war, bemerkte dies.

»Komm Bruno, wir beide machen mal einen Spaziergang!«, schlug er seinem Enkel vor. Bruno nickte dankbar, denn mit Willi konnte man auch heikle Themen besprechen. Kaum aus der Haustür heraus sah dieser sich mit der ersten Frage konfrontiert: »Seit wann gibt es eigentlich die Beichte?«

»Ach so, die Beichte bedrückt dich. Ist es wirklich so schlimm?«

»Na ja, was heißt hier schlimm? Also gerne gehe ich nun wirklich nicht zur Beichte. Ich finde sie unangenehm, eigentlich ziemlich peinlich. Kannst du meine Frage jetzt beantworten?«

»Schwierig«, begann Willi etwas umständlich und um Zeit ringend, »ich kann nur wenig dazu sagen. Im Urchristentum war die Beichte meist öffentlich. Bei schweren Sünden – wie zum Beispiel Diebstahl oder Ehebruch – musste der Sünder im Bußgewand vor der Gemeinde erscheinen und seine Sünden bekennen.

Verpflichtendes Kirchengebot ist die Beichte jedenfalls seit dem 4. Laterankonzil 1215. Danach muss jeder Katholik mindestens einmal im Jahr zur Beichte gehen und alle seine Sünden einem Priester beichten, was bis heute gilt. [A10]

Die evangelische Kirche lehnt die Beichte als Sakrament allerdings ab.«

»Wieso das denn? Die Protestanten orientieren sich doch auch an der Bibel«, wunderte sich Bruno.

»Sie legen die Bibel zum Teil anders aus«, erklärte Willi. »Martin Luther hat nur die Taufe und das Abendmahl als von Jesus eingesetzte Gnadenmittel anerkannt. Auch deswegen hatte Luther, von dem du sicherlich schon gehört hast, unglaublichen Zoff mit dem damaligen Papst Leo X., nicht nur wegen des Ablasshandels. Er beschimpfte den Papst wegen dessen Prunksucht als Antichristen.« [A11]

»Und wie interpretierst du die Bibel?«

»Eigentlich gar nicht!«

»Warum das denn?«

»Ich verstehe einfach viele Dinge nicht, die in der Bibel stehen und das hängt mit ihrer Entstehung zusammen«, räumte Willi ein.

»Inwiefern?«

»Die Texte des Alten Testaments sind zwischen 2000 und 3000 Jahre alt, die des Neuen Testaments etwa 1900 Jahre. Wenn du dich in diesem Zeitraum und in der Region, von der die Bibel erzählt, nicht auskennst, kannst du sie kaum vernünftig interpretieren.«

»Von wem stammt das Alte Testament denn überhaupt?«

»Ganz genau weiß es vermutlich niemand. Dafür ist die Quellenlage zu dünn. Es werden zwar etliche Propheten als Autoren genannt, aber einer historischen Überprüfung halten die Angaben nicht Stand. Der Moses aus dem Alten Testament zum Beispiel hat wenig zu tun mit dem historischen Moses, der möglicherweise um 500 vor Christus gelebt hat. [A12]

Demnach können die fünf Bücher Mose nicht von Moses geschrieben worden sein.«

»Ist die Bibel dann noch glaubwürdig? Was sagt denn die Kirche dazu?«, staunte Bruno.

»So wie ich das verstanden habe, ist das für die Amtskirche nicht so wichtig, von wem die Texte im Alten Testament verfasst worden sind. Gott habe sich den Menschen, die das Alte Testament geschrieben haben, offenbart und dafür gesorgt, dass seine Botschaft unverfälscht dargestellt worden sei. Er habe die Verfasser der Heiligen Schrift inspiriert.« [A13]

»Glaubst du das?« Die Zweifel in Brunos Stimme waren nicht zu überhören.

»Klar ist, dass das Alte Testament nicht vom Himmel gefallen ist, sondern von Menschen geschrieben worden ist. Diese erzählten von der Erschaffung der Welt und des Menschen, wie sie sich das vorgestellt hatten. Und sie berichteten von ihren Lebens- und vermeintlichen Gotteserfahrungen. Inwieweit die Verfasser dieser Schriften, die sich als Propheten verstanden, nun Eingebungen von Gott gehabt haben, ist einzig und allein Glaubenssache.«

»Was waren das für Typen, die Propheten? Wozu waren die da?«

»Propheten verkündeten in der Antike Botschaften und beriefen sich dabei auf Gott. Diese Seher meinten voraussehen zu können, wie sich die Welt entwickeln wird. Sie machten auch auf das Fehlverhalten von Menschen aufmerksam oder warnten vor der Rache Gottes. Manche riefen zur Selbstbesinnung auf und verknüpften damit Hoffnungen auf eine gerechte Welt und den Messias.« [A14]

»Und die Menschen glaubten den Propheten?«

»Na ja, total verallgemeinern lässt sich das natürlich nicht. Aber Propheten erschienen vielen Menschen als glaubwürdig, weil sie die Mächtigen kritisierten und Vorstellungen von einem gerechten Gott entwarfen.«

»Hat das Alte Testament denn noch irgendwelche Auswirkungen auf heute?« Willi musste einen Moment überlegen.

»Wie du aus der Bibel weißt, hatten Adam und Eva von den Früchten eines Baumes gegessen, der ihnen von Gott verboten worden war. Daraus hat Kirchenvater Augustinus zu Beginn des fünften Jahrhunderts nach Chr. die Erbsünde abgeleitet, wonach Säuglinge schon durch Schuld und Sünde belastet seien und deshalb getauft werden müssten.«[A15]

»Die Sache mit der Erbsünde habe ich nie wirklich kapiert«, gestand Bruno.

»Ich auch nicht«, räumte Willi ein und schloss zwei Fragen an:

»Warum soll die Sündhaftigkeit der Menschen angeboren sein? Warum soll Gott alle Menschen wegen einer Sünde bestrafen, die zwei Menschen zu Beginn der Menschheit begangen haben?«

Der Großvater zuckte mit den Schultern, um sein Unverständnis auszudrücken: »Auch mit der Auslegung der Paradieserzählung, die ich mal gehört habe, dass der Mensch durch die Erbsünde seine natürliche Würde verloren habe und deshalb erlösungsbedürftig sei, kann ich nichts anfangen.«

»Hat das Alte Testament noch irgendeine Bedeutung für dich?«

»Vielleicht indirekt durch die Zehn Gebote.«

»Wie sind die Zehn Gebote eigentlich entstanden?«

»Keine Ahnung, da bin ich auf Vermutungen angewiesen«, musste Willi passen. »Wahrscheinlich sind sie ein Produkt von Lebenserfahrungen vieler Generationen und waren wichtig für das Zusammenleben von Menschen.«

»Und wie erklärst du dann die Erzählung vom Berg Sinai, in der Moses die Zehn Gebote von Gott erhalten hat?«

»Die Erzählung in der Bibel hat wohl eher symbolischen Charakter als dass sie wörtlich zu nehmen wäre«, vermutete Willi.

Bruno merkte, wie unwillkürlich die Zehn Gebote vor seinem geistigen Auge auftauchten. Einige verstanden sich für ihn von selbst, andere nicht. »Warum soll jemand seine Eltern ehren, wenn die ihn schlecht behandelt haben?«, fragte er.

»Das lässt sich leicht erklären«, meinte Willi. »Dieses vierte Gebot war vermutlich ein Appell an die Kinder, für ihre Eltern im Alter zu sorgen. Eine Altersversorgung, wie wir sie heute kennen, gab es damals in Palästina nicht.«

»Und was ist mit dem Neuen Testament?«

»Das ist etwas einfacher zu verstehen, aber längst nicht alles. Es erzählt vom Leben Jesu und den gab es wirklich. Das ist historisch verbürgt. Was aber nicht bedeuten muss, dass sich alles so ereignet oder zugetragen hat, wie es im Neuen Testament beschrieben ist. Das Neue Testament beruht auf mündlichen Überlieferungen, die Jahrzehnte später aufgeschrieben worden sind.« [A16]

»Findest du denn das Neue Testament glaubwürdiger als das Alte Testament?« löcherte Bruno seinen Großvater.

»Ein wenig schon«, antwortete dieser.

»Aber es sind auch viele Geschichten und Erzählungen dabei, die historisch nicht haltbar sind. Dazu kommen Sprach- und Übersetzungsprobleme. Jesus hat vermutlich Aramäisch gesprochen. Das Alte Testament ist in Hebräisch, das Neue Testament in Alt-griechisch geschrieben worden. Verbreitet wurde die Bibel in Latein und später in die Landessprachen übersetzt. Ob da jedes Wort richtig wiedergegeben worden ist, erscheint mir mehr als fraglich. Die Auferstehung Jesu zum Beispiel kannst du nur glauben. Historisch belegt ist sie nicht. Ebenso verhält es sich mit vielen Erzählungen über Wunder wie zum Beispiel das Wandeln über Wasser, die wunderbare Brotvermehrung für Tausende, die Auferweckung von drei Toten.« [A17]

»Und warum bist du noch in der katholischen Kirche, wenn du nicht glaubst, was in der Bibel steht?«

»Ich nehme die Bibel nicht wörtlich. Ihre Texte sind aus der Zeit ihrer Entstehung zu verstehen. Mir ist es egal, ob Jesus nun Gottes Sohn war oder nicht. Und ob er Wunder vollbrachte. Das, was er an zentralen Botschaften hinterlassen hat, zählt: Menschlichkeit und Solidarität mit den Armen und Schwachen in der Gesellschaft! Eintreten für Gerechtigkeit und Gleichheit.

›Was du nicht willst, das man dir tu, das füge auch keinem Anderen zu‹, sagt ein gängiges Sprichwort zum Umgang miteinander. Das ist für mich christlich und humanistisch zugleich. Daran kann sich meines Erachtens jeder Mensch orientieren.«

Um das Gehörte zu verdauen, ging Bruno eine Weile schweigend neben seinem Großvater her, bevor er die nächste Frage stellte: »Wieso konnte sich das Christentum so rasch verbreiten, obwohl es auf der Erde so ungerecht zuging?«

Willi musste nicht lange überlegen.

»Ich sehe das so: Mit dem Christentum war die Idee von der Gleichheit der Menschen vor Gott verbunden sowie der Glaube an ein ewiges Leben nach dem Tod. Im Brief des Paulus an die Galater steht: ›Hier ist nicht Jude noch Grieche, hier ist nicht Sklave noch Freier, hier ist nicht Mann noch Weib, denn ihr seid allzumal einer in Christus Jesus.‹ Das war für damalige Verhältnisse revolutionär und attraktiv. Auch der Ärmste könne auf das ewige Leben im Paradies hoffen, lautete die christliche Botschaft. Gott sei gnädig und barmherzig. Das machte vielen Menschen Hoffnung auf ein Weiterleben nach dem Tod.«

Bruno nickte kurz und signalisierte, dass er der Argumentation seines Großvaters folgte: »Der Auftrag zur Missionierung wurde aus dem Neuen Testament abgeleitet. Das Gebot der Nächstenliebe kam bei vielen Menschen gut an, genau wie die Geschichten und Gleichnisse von Jesus.

Aber eines ist auch klar: Ohne das Zutun des römischen Kaisers Theodosius hätte sich das Christentum nicht so schnell verbreitet. Dieser ernannte per Erlass das Christentum zur einzig erlaubten Religion im Römischen Reich. Das war 381 nach Chr. Von diesem Zeitpunkt an gab es eine Art Bündnis von Staat und Kirche. Die Herrschenden wurden durch die Kirche mit

Versen aus der Bibel legitimiert: ›Jedermann sei untertan der Obrigkeit, die Gewalt über ihn hat. Denn es ist keine Obrigkeit ohne von Gott; wo aber Obrigkeit ist, die ist von Gott verordnet Deshalb zahlt ihr ja auch Steuer; denn sie sind Gottes Diener, auf diesen Dienst ständig bedacht. So gebt nun jedem, was ihr schuldig seid: Steuer, dem die Steuer gebührt; Zoll, dem der Zoll gebührt; Furcht, dem die Furcht gebührt; Ehre, dem die Ehre gebührt.‹

Oder: ›So gebet dem Kaiser, was des Kaisers ist, und Gott was Gottes ist.‹

Kaiser und ihre Statthalter waren nach Lesart der Bibel von Gott eingesetzt und deshalb war ihren Anweisungen Folge zu leisten. In dieser Form haben sich weltliche und geistliche Obrigkeiten weit mehr als tausend Jahre gegenseitig gestützt. Soziale Ungerechtigkeiten zwischen den Ständen, später Schichten, wurden billigend von der Kirche in Kauf genommen.«

Bruno hatte den Ausführungen seines Großvaters aufmerksam zugehört. »Solidarität gegenüber Mitmenschen verstehe ich ja, aber muss man dafür Mitglied der römisch-katholischen Kirche sein?«

»Nein, nicht zwingend!« war die Antwort des Großvaters.

»Ich teile da die Ansicht des Humanisten Immanuel Kant, für den ›anständiges Verhalten‹ von Gott beabsichtigt und initiiert ist.

Kant war der Überzeugung, dass Gott nur die Dinge für gut hält, die der Mensch als vernünftig und notwendig anerkennt. Religiöse Rituale gehören nach Kant nicht dazu. Er hielt sie für bedeutungslos. Gott wolle selbstbestimmt handelnde Menschen. Der sinnvollste Gottesdienst sei anständiges Verhalten. [A18]

Das sieht die römisch-katholische Kirche mit ihren vielen Vorschriften, Ritualen, Geboten und Verhaltensregeln ganz anders. Damit übt sie enormen Druck auf ihre Mitglieder aus.«

Mit den Worten: »Nun Bruno, ich glaube das reicht für heute!«, wurde der Spaziergang beendet.

Eigentlich hätte Bruno jetzt reichlich Stoff gehabt, um über Kirche und Glauben weiter nachzudenken, was er aber nicht tat. Die Wirklichkeit in Form seiner beiden älteren Brüder, Hannes und Heinz, wartete auf ihn in der Küche. Sie wollten mit ihm um ein Zehntel-Pfennig Skat spielen. Und so nahm der Alltag seinen Lauf, in dem kritisches Reflektieren über Religion innerhalb der Familie nicht üblich war. Familienangehörige meinten ohnehin, durch das tägliche Gebet zu den Mahlzeiten und den regelmäßigen Kirchgang am Sonntag in gleicher Weise an dasselbe zu glauben.

Viertes Kapitel

Als Bruno 15 Jahre alt war, passierte etwas Ungeheuerliches. Etwas, was er in seinem bisherigen Leben als Messdiener noch nicht erlebt hatte und was er bis zu diesem Zeitpunkt eigentlich auch gar nicht für möglich gehalten hatte: Ein ihm bekannter katholischer Priester hatte Sex mit einer jungen Frau, die Bruno aus seiner Gemeinde gut kannte.

Die 29-jährige Johanna aus der Gemeinde St. Elisabeth, die zu dieser Zeit Stadtjugendführerin der katholischen Jugend in Hamburg war, hatte sich 1963 in den 37-jährigen Stadtjugendseelsorger Achim Gehren verliebt und erwartete – Gerüchten zufolge – ein Kind von ihm. Das war so unglaublich, dass Informationen über diesen ungeheuerlichen Vorgang – aus Sicht der Kirchenoberen – nur hinter vorgehaltener Hand und im Flüsterton in Sankt Elisabeth durchsickerten.

Ob nun Johanna – wie Eva im Paradies – den Jugendseelsorger verführte oder Achim dann doch irgendwann den nicht zu übersehenden Reizen Johannas erlegen war und die Initiative in dieser Angelegenheit ergriffen hatte, war selbst für die wissbegierigsten Gemeindemitglieder nicht herauszubekommen. Auch wo und wann diese – aus Sicht der Kirche – verhängnisvolle Affäre begonnen hatte, wurde trotz enormer Bemühungen der eifrigsten Kirchgänger von St. Elisabeth nie geklärt. So bleibt es bis auf den heutigen Tag bei Spekulationen.

Ganz anders verhielt es sich mit den Folgen dieser Liaison. Die waren eindeutig, schnell und unbarmherzig.

Der Stadtjugendseelsorger Gehren wurde von heut auf morgen seines Amtes enthoben und in den Laienstand zurückversetzt. So kam es Bruno und den anderen Messdienern jedenfalls vor.

Dass der Suspendierung ein Gespräch zwischen dem Delinquenten und dem zuständigen Bischof vorausgegangen war, hatten weder die Messdiener noch die treuesten Kirchgänger der Gemeinde mitbekommen, ist aber mit Sicherheit anzunehmen. Ein solches Gespräch hatte möglicherweise folgenden Verlauf gehabt:

»Nun, Herr Pfarrer, Sie haben mich um ein Gespräch gebeten.«

»Seine Exzellenz, hochwürdigster Herr Bischof, ich will nicht lange drum herumreden, noch in diesem Jahr werde ich Vater.«

»Ach du lieber Gott« entfährt es seiner Exzellenz, »aber der kann ja nun wirklich nichts dafür«, korrigiert er sich verlegen hüstelnd.

»Möglicherweise doch! Begegnet in der Liebe uns nicht Gott?«, entgegnet der Stadtjugendseelsorger.

»Aber doch nicht in dieser amoralischen Weise!« empört sich seine Exzellenz. »Sie wissen sehr genau, dass Sie schwer gesündigt haben! Und Sie haben fundamental gegen Ihr Gelübde verstoßen!«

»Mit dem Bruch des Gelübdes gebe ich Ihnen recht. Zu dem Zeitpunkt, an dem ich das Gelübde ablegte, war ich auch sehr zuversichtlich, dass ich es einhalten könnte. Aber nun ist es anders gekommen.«

»Wir Menschen schaffen es häufig nicht, der Versuchung des Bösen zu widerstehen. Wir sind schwach und lassen uns vom Teufel verführen, in Ihrem Fall in Gestalt einer Frau. Aber dafür haben wir ja die segensreiche Einrichtung der Beichte. Wollen Sie gleich bei mir beichten? Dann haben Sie es hinter sich gebracht! Und für das künftige Kind und seine Mutter finden wir sicherlich eine Lösung!«

»Eine Lösung? Wie meinen Sie das?«

»Mit solchen Fällen wie Ihrem hat die heilige Mutter Kirche leider nicht zum ersten Mal zu tun. Aber das kriegen wir schon wieder hin.«

»Was soll das heißen?«

»Nun, als Erstes beenden Sie ihr amoralisches Verhältnis!«

»Das kann ich nicht so einfach.«

»Doch, das können Sie! Die Verantwortung für das Kind hat in Ihrem Fall die Mutter des künftigen Kindes. Sie wusste doch sicherlich, dass Sie katholischer Priester sind. Für die Alimente des Kindes kommt die Kirche auf. Wir können Ihnen auch behilflich sein bei der Suche einer Wohnung für Mutter und Kind in einer anderen Stadt. Am besten, Sie schreiben ihr heute noch einen Brief. Oder soll ich den Brief für Sie schreiben?«

»Nein, das ist nicht nötig. Ich werde selbst mit ihr reden. Allerdings glaube ich nicht, dass wir in Ihrem Sinn handeln werden.«

»Herr Gehren, heißt das, dass Sie meinen gutgemeinten Vorschlag ablehnen? Sie haben auch ein Gehorsamsgelübde abgelegt! Sie werden doch jetzt nicht wegen eines solchen Flittchens Ihre berufliche Karriere und Ihre Berufung aufs Spiel setzen wollen.-

Werden Sie vernünftig! Lassen Sie sich nicht weiter von niederen Trieben leiten! Beenden Sie umgehend diese unheilvolle und unselige Affäre!«

»Seine Exzellenz, ich möchte darauf hinweisen, dass es sich hier nicht um ein Flittchen handelt, sondern um eine junge Frau, die sich in der Kirche seit vielen Jahren sehr engagiert. Sie kennen sie übrigens und schätzen sie.«

»Ist es, ist es etwa meine Haushälterin?«, fragt seine Exzellenz besorgt.

»Nein, Herr Bischof, es handelt sich um unsere katholische Stadtjugendführerin Johanna Klasen, die seit drei Jahren dieses Amt sehr engagiert ausübt.«

»Johanna Klasen? Eine so anständige Frau? Ich kann es nicht glauben! Mensch Gehren, sind Sie denn von allen guten Geistern verlassen gewesen? Was ist nur in Sie gefahren, eine so engagierte, überzeugte Katholikin zu verführen? Das ist ja alles an Peinlichkeit gar nicht mehr zu überbieten! Wenn sich das in der katholischen Jugend Hamburgs herumspricht! Wie stehen wir da? Entweder beenden Sie sofort die Beziehung oder ich muss Sie suspendieren!«

»Es tut mir leid, Exzellenz, dass ich mein Gelübde nicht habe einhalten können. Ich war gerne Priester, aber der Zölibat lässt es wohl nicht zu, dass ich im Amt bleibe.«

»So ist es, wenn Sie es auf das Äußerste ankommen lassen wollen!«

Bevor der Stadtjugendseelsorger sich aus seinem Sessel erhebt um zu gehen, fragt er noch: »Passt der Zölibat überhaupt noch in unsere Zeit?«

»Verehrter Mitbruder, das ist die falsche Fragestellung! Es geht nicht um den Zeitgeist! Würde die Kirche sich danach richten, gäbe es sie bald nicht mehr. Die heilige römisch-katholische Kirche, der wir dienen dürfen, blickt nunmehr auf eine fast zweitausendjährige Geschichte und eine ebenso lange Tradition zurück und da fangen Sie mit dem Zeitgeist an.«

Der Jugendseelsorger gibt seine Zurückhaltung auf. »Aber der Zölibat ist doch erst im tiefsten Mittelalter eingeführt worden. War es nicht Papst Gregor VII., der die bis dahin traditionelle Priesterehe als Konkubinat denunziert und verboten hat? [A19]

Warum gelten seit dem Zweiten Laterankonzil von 1139 alle Priesterehen in der westlichen Kirche als ungültig, während die Priester in den östlichen Kirchen, abgesehen von den Bischöfen, weiterhin heiraten dürfen? [A20]

Entspricht der Zwangszölibat eigentlich den Menschenrechten? Verlangt die Mehrheit der Katholiken die Ehelosigkeit von Priestern? Wären verheiratete Priester schlechter als unverheiratete?« Achim Gehren stellt seine Fragen immer schneller und lauter. Dann lehnt er sich zurück und schaut den etwa dreißig Jahre älteren Bischof erwartungsvoll an.

»Herr Pfarrer, versuchen Sie jetzt bitte nicht von Ihrem eigenen Versagen abzulenken und der heiligen katholischen Kirche die Schuld für Ihr unbeherrschtes Tun in die Schuhe zu schieben. Sie haben Ihr Gelübde gebrochen und sitzen jetzt, mit schwerer Schuld beladen, vor mir.

Auch mir ist es nicht immer leichtgefallen, mein Gelübde einzuhalten! Aber durch häufiges Beten und eiserne Disziplin ist es mir gelungen, allen Versuchungen im sexuellen Bereich zu widerstehen und diese niederen Triebe erfolgreich zu bekämpfen. Das hat mich stark gemacht und das werden auch Sie künftig schaffen. Sie müssen es nur wollen! Als Ehemann und Vater hätten Sie gar nicht die Zeit, den vielfältigen Verpflichtungen eines Geistlichen nachzukommen. Aber das ist nicht der einzige Grund dafür, warum der Zölibat eingeführt worden ist. Die heilige römisch-katholische Kirche, der wir dienen, hat der Ehe die Vollkommenheit der Ehelosigkeit gegenüber gestellt. Auch Jesus war unverheiratet und konnte sich so stets um die Sorgen und Nöte seiner Mitmenschen kümmern.«

Seine Exzellenz glaubt, den jungen Stadtjugendseelsorger endlich überzeugt zu haben, weil dieser schweigend, in sich versunken, auf seinem Stuhl verharrt. Doch die Stille währt nicht lange.

»Herr Bischof, welche Motive veranlassten Gregor VII., die im ersten Jahrtausend durchaus übliche Priesterehe zu verbieten? Wollte er nicht den Einfluss der Kirche durch den Zölibat stärken, weil dadurch Lehen der Kirche immer wieder an diese zurückgingen, wenn ein geistlicher Amtsinhaber verstarb? Ging es nicht darum, Kirchenvermögen zu erhalten? [A21]

War es nicht ein rein wirtschaftliches und machtpolitisches Interesse, das der Einführung des Zölibats zugrunde lag? War Gregor VII. nicht der Papst, der die Oberhoheit über alle weltlichen Amtsinhaber forderte, einschließlich der Befugnis, weltliche Herrscher – den Kaiser inklusive – abzusetzen? Wollte er nicht, dass nur noch Gott über ihm stehe? [A22]

Nein, Herr Bischof, der Zölibat ist früher wie heute ein reines Machtinstrument. Heute natürlich mit anderem Hintergrund!«

»Herr Gehren, Sie machen mich sprachlos! Sie vertreten hier vor mir ganz ungeniert rein protestantische Positionen! Finden Sie durch die Beichte und das Gebet zurück zum wahren Glauben, den Ihnen die heilige römisch-katholische Kirche vorgibt! Nach intensivem Gebet und reiflicher Überlegung melden Sie sich bitte wieder bei mir, mündlich oder schriftlich! Ich gebe Ihnen drei Tage Zeit zur Besinnung! Und nun entschuldigen Sie mich bitte, ich habe zu tun!«

So oder so ähnlich hätte es abgelaufen sein können, das Gespräch zwischen dem damaligen Stadtjugendseelsorger Gehren und dem für ihn zuständigen Bischof.

Als 15-jähriger Messdiener war Bruno 1963 vollkommen schockiert von dem Vorfall, da er Johanna wegen ihres Engagements für die Gemeinde- und Stadtjugend sehr bewunderte. Außerdem war sie eine fröhliche, lebenszugewandte junge Frau, die sehr sympathisch war und bei den Jugendlichen durch ihre direkte, offene Art gut ankam. Und: Sie war verdammt hübsch und ihr Lachen ansteckend.

Ganz ähnlich verhielt es sich mit dem Stadtjugendseelsorger. Achim Gehren hatte Humor, war intelligent und dabei sehr bescheiden. Beiden nahm Bruno ab, was sie sagten. Sie waren absolut glaubwürdig und authentisch.

Umso größer der Schock, als plötzlich beide von heute auf morgen verschwunden waren, wie vom Erdboden verschluckt. Zwei Menschen, die sich so für die Kirche engagiert hatten, waren plötzlich nicht mehr da und fehlten als Ansprechpartner.

Weder Johanna Klasen noch Achim Gehren wurden, nachdem erste spärliche Informationen über den »schweren Sündenfall« durchgesickert waren, von irgendjemandem aus der Gemeinde gesehen. Ob sie von sich aus erst einmal das Weite gesucht hatten oder ob ein Vertrauter des Bischofs ihnen das nahegelegt hatte, blieb ungeklärt.

Kaplan Müller kannte Johanna und Achim sehr gut, sprach aber vor den Messdienern kein Wort über die beiden. Stattdessen verurteilte er ganz allgemein heftig den Pflichtzölibat: In der Urkirche des Christentums habe es allenfalls ein Wahlzölibat gegeben, aber kein Zwangszölibat! Dieser diene nur der Disziplinierung von Geistlichen! Der Zölibat widerspreche der alten urchristlichen Tradition. Er stamme aus dem finstersten Mittelalter und sei völlig überholt.

In der Gemeinde St. Elisabeth war Kaplan Müller mit dieser Ansicht keineswegs allein. Die überwiegende Mehrheit der Gemeindemitglieder teilte seine Auffassung in diesem Punkt. Aber der Herr Pfarrer und der Herr Bischof vertraten vehement die Position der Amtskirche: Jesus habe ein eheloses selbstloses Leben vorgelebt. Der Herr Pfarrer hob sogar in einer Predigt hervor, dass der Zölibat für ihn persönlich eine Art von Befreiung sei und er sich so ganz und gar seinen Aufgaben als Seelsorger widmen könne. Und die Jungfrau Maria helfe ihm dabei. Diesen Anspruch, den Geschlechtstrieb zu unterdrücken, übertrug der Herr Pfarrer auch auf die jungen Kollegen, gemäß dem Prinzip: Wenn ich das schaffe, schaffen es andere auch. Seine Argumentation beendete er mit einem Zitat aus der Bibel, dem ersten Brief des Paulus an die Korinther: »Wer seinem Trieb nicht ausgeliefert ist, wer also in seinem Herzen entschlossen ist, seine Jungfrau unberührt zu lassen, der handelt richtig.«

Bruno konnte als Jugendlicher, der sich mitten in der

Pubertät befand, die Tragweite und Bedeutung des Zölibats für den einzelnen Betroffenen nur ansatzweise nachvollziehen. Denn es war völlig unüblich, über Sex zu reden, erst recht mit katholischen Geistlichen.

Das Thema »Sex« wurde sowohl in der Familie als auch in der katholischen Schule weitgehend tabuisiert. Stattdessen gab es im Katechismus und im Beichtspiegel sehr genaue Hinweise darüber, was sündhaft war.

Zur Gewissenserforschung für Kinder gab es im Gotteslob von 1965 folgende Fragen: »Habe ich mich unschamhaft angeschaut, angefasst? Habe ich gesündigt durch unschamhafte Reden? Habe ich Unkeusches begehrt, getan, allein, mit anderen (Jungen, Mädchen)?«

Und für Jugendliche hieß es an gleicher Stelle: »Der starke Sinnentrieb, den Gott in die Geschlechter hineingelegt hat, soll die Menschen trotz Erbsünde am Leben erhalten, den Himmel mit Heiligen bevölkern. Du darfst also nicht damit spielen, nicht einmal in Gedanken. Du darfst diesen Trieb nicht missbrauchen. Du darfst mit der Liebe nicht tändeln, nicht vom verbotenen Baum essen, nicht das Paradies der Unschuld zerstören.«

Vorehelicher Geschlechtsverkehr galt laut Katechismus als »schwerer Verstoß gegen die Würde« und als »schweres Ärgernis, durch das junge Menschen sittlich verdorben« werden würden. Gegen die Unkeuschheit sündige ebenso, wer sich »freiwillig in unkeuschen Gedanken« aufhalte. [A23a]

Laut allgemeinem Gewissensspiegel, der im Katholischen Gebet- und Gesangbuch abgedruckt war, musste sich der Beichtende fragen, ob er die Selbstbefriedigung gesucht habe, ob er die voreheliche Keuschheit verletzt habe und ob er als Verheirateter den Willen zum Kind habe. [A23b]

Sexualität war mit Sünde, häufig auch mit sehr schwerer Sünde verbunden. So hatte Bruno die katholische Sexualmoral als Jugendlicher erklärt bekommen und verinnerlicht. Verstöße gegen das sechste Gebot machten den größten Teil seiner Beichte aus. Die guten Vorsätze, nicht mehr gegen das sechste Gebot verstoßen zu wollen, konnten meistens nicht eingehalten werden. Schuldgefühle und ein schlechtes Gewissen waren so bis zum nächsten Beichtgang vorprogrammiert.

Mit der Sexualmoral der römisch-katholischen Kirche wurde spätestens ab der Pubertät jedes Kirchenmitglied konfrontiert. Vermutlich gab es kaum eine Person, die nicht in irgendeiner Form gegen das sechste Gebot verstieß. Und die Vergebung von Sünden war nur durch die Beichte zu erreichen.

Fünftes Kapitel

Kurz nach seinem fünfzehnten Geburtstag erhielt Bruno die Firmung.

»Sie ist das zweite Sakrament nach der Taufe«, erklärte der Herr Pfarrer beim Vorbereitungstreffen auf die Firmung. [A24]

Die Firmung wurde 1963 in St. Elisabeth vom Herrn Weihbischof gespendet, was durch Handauflegung und Salbung der Stirne mit Chrisma (Öl) erfolgte. Da kein geeigneter Firmpate für Bruno aufzufinden war, musste Brunos ältester Bruder Hannes als Firmpate herhalten. Bei der Firmung selbst hatte der Pate keine nennenswerte Funktion. Er sollte den Firmling auf seinem weiteren Glaubensweg unterstützend begleiten, was symbolisch durch Handauflegen des Firmpaten auf die Schulter des Firmlings ausgedrückt wurde.

Das, was ihre Paten bei der Taufe gelobt hatten, mussten nun die Firmlinge selbst versprechen und bekennen. Dazu gehörte das laute Aufsagen des Apostolischen Glaubensbekenntnisses: »Ich glaube an Gott, den allmächtigen Vater, Schöpfer des Himmels und der Erde. Und an Jesus Christus, seinen eingeborenen Sohn, unseren Herrn, der empfangen ist vom Heiligen Geiste, geboren aus Maria, der Jungfrau, gelitten unter Pontius Pilatus, gekreuzigt, gestorben und begraben, abgestiegen zu der Hölle, am dritten Tag wieder auferstanden von den Toten, aufgefahren in den Himmel, sitzet zur Rechten Gottes, des allmächtigen Vaters, von dannen er kommen wird, zu richten die Lebenden und die Toten. Ich glaube an den

Heiligen Geist, die heilige katholische Kirche, Gemeinschaft der Heiligen, Nachlass der Sünden, Auferstehung des Fleisches und das ewige Leben. Amen.«

Das Aufsagen war nicht das Problem, zumal Bruno es schon häufig in Gottesdiensten mitgesprochen hatte, sondern das bewusste Bekennen.

»Sag mal, Hannes, ist Maria eigentlich die Mutter von Jesus oder die Mutter von Gott? Und wieso kann eine Jungfrau überhaupt ein Kind kriegen?« fragte Bruno seinen Paten nach der Firmung.

»Ich bin zwar dein Firmpate, aber nicht allwissend!«

»Aber du hast doch sicherlich eine Meinung in dieser Angelegenheit?«

»Na klar! Sie deckt sich allerdings nicht mit der Lehre der Kirche. Für mich ist Maria die Mutter von Jesus. Und der Vater von Jesus ist Josef. Punkt.«

»Und weiter?«

»Nichts weiter! Das ist meine Meinung zu dem Thema! Vielleicht war Maria eine sehr junge Frau, aber Jungfrau?«

Unzweifelhaft war: Brunos Firmpate hegte Zweifel an der Jungfräulichkeit Marias.

Nach kurzem Nachdenken erklärte er: »Irgendein Konzil, ich glaube das Konzil von Nicäa im Jahre 325, hat sich mal mit der Frage der Dreifaltigkeit beschäftigt und festgelegt, dass Jesus eben nicht durch einen Geschlechtsakt gezeugt worden sei, sondern die Schwangerschaft Marias sei durch den Heiligen Geist ausgelöst worden. Und Jesus sei Mensch und Gott zugleich. Das war ganz im Sinne des damaligen römischen Kaisers Konstantin, der Christus flugs als Schutzgott für das römische Heer einsetzte. [A25]

Aber frag' doch einfach 'mal einen Geistlichen!«

Das tat Bruno nach dem nächsten Gottesdienst.

»Herr Pfarrer, ist Maria die Mutter Gottes?«

»Das weißt du doch, Bruno! Sie hat Jesus geboren, und da Jesus gleichzeitig Gott ist, ist Maria natürlich die Mutter Gottes. Warum fragst du etwas, was du längst weißt?«

»Mein Bruder konnte mir das mit der unbefleckten Empfängnis nicht erklären. Könnten Sie das übernehmen?«

»Es bedeutet, dass Maria, die Mutter Jesu, von ihrer Mutter Anna ohne Erbsünde empfangen und geboren wurde«, erklärte der Herr Pfarrer lächelnd.

»Und wie ist es zu verstehen, dass Maria als Jungfrau schwanger wurde?«

»Gott ist allmächtig! Warum sollte es ihm nicht möglich sein, dass sein Sohn durch eine Jungfrau zur Welt kommt?«

»Aber warum musste es unbedingt eine Jungfrau sein?«, ließ Bruno nicht locker.

»Maria war eine besondere Frau. Sie war von der Erbsünde ausgenommen worden, weil sie Jesus durch das Wirken des Heiligen Geistes als Jungfrau gebären sollte. Sie hat den Sohn Gottes geboren. Dazu brauchte sie keinen Mann. [A26]

Marias außergewöhnliche Stellung in der katholischen Kirche kannst du auch daraus ersehen, dass sie mit Leib und Seele in den Himmel aufgenommen worden ist. Das ist ein Dogma! Und was ein Dogma ist, muss ich dir ja wohl nicht mehr erklären!«

Bruno bedankte sich für die Auskunft und machte

sich, innerlich kopfschüttelnd, auf den Weg nach Hause. Unterwegs traf er Georg, einen anderen Messdiener aus der Gemeinde, der zwei Jahre älter war.

»Hallo Georg, glaubst du eigentlich, was im Glaubensbekenntnis steht?«

Georg war verdutzt.

»Mensch Bruno, nun mach dir mal keinen Kopf! Ich leg' doch da nicht jedes Wort auf die Goldwaage.«

»Aber im Gottesdienst habe ich es von dir schon laut und deutlich vernommen.«

»Wenn alle es bekennen, spreche ich es halt mit. Es ist für mich eine Gewohnheit, über die ich nicht weiter nachdenke. Ich habe es, genau wie du, mit acht Jahren auswendig gelernt.

Und jetzt lass uns mal lieber über den HSV reden!«

Beim Mittagessen hörte Bruno von seinen Eltern, dass in der Umgebung von Oberlengsfeld, seinem Heimatdorf, bei einer jungen Frau der Teufel ausgetrieben worden sei.

»Was hat das denn zu bedeuten?«, fragte Bruno seine Eltern. Aber die zuckten nur mit den Schultern. »Frag mal in der nächsten Messdienerstunde den Geistlichen!«, schlug Brunos Vater vor.

»Teufelsaustreibung ist in der katholischen Kirche als Exorzismus bekannt«, erklärte Kaplan Müller auf Brunos Frage im Unterricht für die Messdiener. [A27]

»Mit Hilfe von Öl, Salz und Weihwasser und der Kraft des Gottesnamens soll die vom Teufel besessene Person von diesem Dämon befreit werden. Der Gläubige, der sich vom Teufel besessen fühlt, wird mit Weihwasser besprüht und der Teufel oder die bösen Geister werden aufgefordert zu verschwinden. Es kommt sehr selten vor, dass eine »Besessenheit« bei einer gläubigen Person fest-gestellt wird und ein Exorzist vom Bischof den Auftrag erhält, eine Teufelsaustreibung vorzunehmen. Heutzutage muss vor der Austreibung ein Psychiater befragt werden, da Menschen mit Wahnvorstellungen nach Erkennt-nissen der aktuellen Wissenschaft in psychiatrische Be-handlung gehören. Laut Neuem Testament hat Christus den Exorzismus vollzogen und auch seinen Jüngern emp-fohlen. Sie hatten von ihm die Vollmacht bekommen, ›die unreinen Geister auszutreiben‹. Den Menschen frü-her fehlten eben die Erkenntnisse der modernen Psycho-logie«, erklärte der Kaplan.

»Hat das mit den Teufelsaustreibungen denn ge-klappt?«, erkundigten sich die Messdiener neugierig.

»Manchmal ja, manchmal nein. Wenn Personen daran glaubten, half es möglicherweise. Nicht umsonst heißt es: ›Der Glaube versetzt Berge‹. Aber in vielen Fällen nicht, und das war dann mit schlimmen Folgen für die Betroffenen verbunden, die ein Leben lang ausgegrenzt und stigmatisiert wurden.«

»Und was hat es mit der Inquisition auf sich?«, wollte Bruno auf einmal wissen.

»Wie kommst du denn jetzt darauf?« staunte Kaplan Müller

»Die Inquisition war letzte Woche Thema des Ge-schichtsunterrichts, aber nur ganz kurz. Ich hatte den Eindruck, dass unser Geschichtslehrer, Pater Heinen, nicht näher darauf eingehen wollte, weil ihm das Thema unangenehm war.«

»Das kann ich gut verstehen«, lachte Kaplan Müller kurz auf.

»Aber zum Lachen eignet sich die Inquisition der Kirche nun wirklich nicht! Sie ist ein ganz düsteres und grausames Kapitel der christlichen Religionsgeschichte, das sich über mehr als fünf Jahrhunderte hingezogen hat, vom 13. Jahrhundert an. Zigtausende Menschen sind im Namen Gottes hingerichtet worden, meistens lebend verbrannt, weil sie angeblich Ketzer, Hexen oder Ungläubige gewesen sind. Eingerichtet worden ist die ›Heilige Kongregation der Römischen und Universalen Inquisition‹ von Papst Innozenz IV. im Jahre 1252. Dieser Papst hat auch die Einführung der Folter im Ketzerprozess angeordnet.« [A28]

»Aber wie wurden diese Hinrichtungen denn begründet?«, fragte Franz, einer der Messdiener, fassungslos.

»Die Kirche wollte die göttliche Weltordnung vor Irrlehrern schützen und ihre Machtposition so behaupten. Sie begründete das Verfahren der Inquisition mit Texten aus dem Alten Testament. Im Zweiten Buch Mose heißt es: ›Die Zauberer aber sollst du nicht leben lassen‹ bzw. ›Eine Hexe sollst du nicht am Leben lassen‹. Dies nahmen die Kirchenoberen wörtlich und ließen im Namen Gottes foltern und verbrennen, um Andersdenkende aus dem Weg zu räumen. Wer sich der Kirche widersetzte, war ein Ketzer und des Teufels. Im Kampf um den wahren Glauben war die Kirche damals nicht zimperlich.«

»Stimmt es, dass viele Frauen unter den Opfern der Inquisition waren?«, wollte Bruno bestätigt haben.

»Ja, das ist richtig. Frauen, die unangepasst waren, wurden häufig als Hexen denunziert und zu Teufeln in Menschengestalt erklärt. Zugrunde lag die alttestamentliche Vorstellung von der Frau als Verführerin, durch die der Teufel zur Sünde verlocke.

Die erste Frau wurde 1275 in Frankreich als Hexe verbrannt. Schätzungen zufolge sind in den fünf Jahrhunderten danach bis zu 60000 Menschen dem Hexenwahn europaweit zum Opfer gefallen. [A29]

Besonders ausgeprägt war die Hexenverfolgung in Deutschland. So wurden zum Beispiel in Bamberg mehr als 500 Frauen in einem Jahr als Hexen verbrannt. Betroffen waren vor allem Frauen, die angeblich magische Kräfte besaßen und durch Zauber und Wahrsagerei Dinge bewirken konnten, für die es in der damaligen Zeit keine Erklärung gab. Die Kirche fühlte sich von solchen Menschen bedroht und glaubte, dass sie mit dem Teufel im Bunde stünden. [A30]

Um gegen vom Glauben abgefallene Personen vorzugehen, ordnete Papst Innozenz VIII. 1484 die ›Hexenbulle‹ an und drei Jahre später erschien der ›Hexenhammer‹ von Heinrich Kramer, der beschrieb, wie Hexenprozesse durchzuführen seien. Um einen Prozess einzuleiten reichte es, wenn eine Person der Hexerei verdächtig war. Für Denunzianten und Verleumder war es nun ein Leichtes, unliebsame Personen, vor allem Frauen, aus dem Weg zu räumen. Den Rest besorgte die Folter.« [A31]

»Und wie steht heute die Kirche zur Inquisition?«, wollte Klaus wissen.

»Da ist noch einiges aufzuarbeiten!«, erklärte der Kaplan.

»Im Fall Galilei zum Beispiel hat es die Kirche bis auf den heutigen Tag, den 2. Mai 1963, immer noch nicht geschafft, ihn zu rehabilitieren. Und ansonsten wolle man die Inquisition noch aufarbeiten, heißt es in Rom.« [A32]

Die Informationen über die Inquisition nahmen Bruno und die anderen Messdiener mit großer Verwunderung und fast ungläubigem Staunen zur Kenntnis. Es passte überhaupt nicht in das Bild, das ihnen bisher von der heiligen Kirche vermittelt worden war.

Für ihre Tätigkeit als Messdiener waren die Informationen aus vergangenen Zeiten kaum von Bedeutung. Zu lange lag diese Epoche zurück. Dennoch blieb der Eindruck bei Bruno und den anderen Messdienern: Von dem universellen Anspruch der Kirche, alle Menschen seien Kinder Gottes, war die katholische Kirche zu Zeiten der Inquisition offensichtlich meilenweit entfernt gewesen, von der biblischen Aufforderung zur Nächstenliebe ganz zu schweigen.

Die Geschichte des Christentums wurde in der St.-Ansgar-Schule oft sehr beschönigend und verharmlosend dargestellt, immer mit dem Hinweis verbunden, dass man Vorgehensweisen der Kirche nur verstehen könne, wenn man die damaligen Verhältnisse berücksichtige. Und wenn man sich in jene Zeit hineinversetze, könne man auch die Haltung der katholischen Kirche besser nachvollziehen. Die Situation von damals sei mit der heutigen Situation eben in keiner Weise vergleichbar.

Gelegentlich sprachen die Jesuiten in der St.-Ansgar-Schule auch von Irrwegen, die die katholische Kirche zeitweise eingeschlagen habe, aber mit Hilfe des Heiligen Geistes habe sie stets wieder auf den richtigen Pfad zurückgefunden.

Übrigens: Der Umgangston zwischen Jesuiten und Schülern war in der St.-Ansgar-Schule keineswegs durchgehend von reiner Nächstenliebe und gütiger Barmherzigkeit geprägt. In der neunten Klasse zum Beispiel wurde Bruno von seinem Englischlehrer, Pater Nansen, zu den Hausaufgaben befragt. Die Fragen musste er im Stehen vor der Tafel beantworten, was bei den letzten beiden Fragen nicht gelang, so sehr Bruno sich auch mühte. Das veranlasste Pater Nansen zu der Bemerkung: »Da könnt ihr mal sehen, was für einen doofen Klassensprecher ihr gewählt habt.«

Zur Findung der Musikzensur musste Bruno in der zehnten Klasse stehend ein Lied seiner Wahl vorsingen. Schon nach den ersten Tönen lachten einige Schüler lauthals, was bei zunehmender Gesangsdauer in ein grölendes Gelächter überging. Offensichtlich hatte Bruno nicht immer den richtigen Ton erwischt. Der Musiklehrer ließ die Klasse gewähren und gab nach dem Ende des Vorsingens mit einem breiten Grinsen das Ergebnis bekannt: »Bruno, noch eine 4-, aber nur, weil du bis zum Ende durchgehalten hast.«

Schüler, die während der einmal wöchentlich stattfindenden Schulmesse beim Vokabellernen erwischt worden waren, wurden von Pater Huth aus der Kirchenbank gezerrt und mit einem Tritt in das Gesäß aus der Schulkapelle befördert. Unschwer zu erahnen: Pater Huth war nicht der anerkannteste Pädagoge bei den Schülern der Sankt-Ansgar- Schule. Im Gegensatz zu Pater Weisener, der für den ND (Bund Neudeutschland), die Jugendgruppe an der Schule, zuständig war. Dieser leitete in den Sommerferien Zeltlager des ND in Dänemark, Österreich oder Italien, die bei den Schülern sehr beliebt waren. Pater Weisener war ein sehr verständnisvoller Gesprächspartner für die Schüler der St.- Ansgar-Schule, der immer ein offenes Ohr für ihre Fragen hatte. Und er lebte die Ziele des ND vor: Natürlichkeit, Einfachheit, Wahrhaftigkeit, Selbstverantwortung und Gemeinschaft. Unter den Jesuiten an der Schule war er, nach Meinung vieler Schüler, eher ein Außenseiter.

Von den meisten Patres des Gymnasiums wurde die evangelisch-lutherische Religion, wenn überhaupt, mit Geringschätzung, Ablehnung und Spott bedacht.

Katholiken und Protestanten lebten in Hamburg – nach Brunos Wahrnehmung – nebeneinander her, gingen sich aus dem Weg und pflegten ihre Vorbehalte und Vorurteile. Der Besuch evangelischer Gotteshäuser wurde gemieden, ebenso das Gespräch über die unterschiedlichen Glaubensvorstellungen. Das Bedürfnis, sich von den Protestanten abzugrenzen, war spürbar und erfahrbar. Vor allem sonntags. Der Besuch eines protestantischen Gottesdienstes war undenkbar und wäre für Bruno nahezu einer Gotteslästerung gleichgekommen.

Sechstes Kapitel

Ende 1965 verließ Kaplan Müller die Gemeinde St. Elisabeth. Er wurde gegen seinen Wunsch in eine andere Gemeinde versetzt, was die meisten jungen Katholiken in St. Elisabeth sehr bedauerten. Kaplan Müller, zuständig für die Jugendarbeit in der Gemeinde, war sympathisch und sprach offen aus, was er dachte und fühlte. So wurde es von Bruno und vielen anderen Jugendlichen wahrgenommen. Sein Weggang wurde nicht nur von dem 17-jährigen Bruno als herber Verlust empfunden. Einen Ersatz für Kaplan Müller gab es nicht.

Mit 18 Jahren ging Bruno zur Tanzschule, im Herbst des Jahres 1966.

Die Schüler der 12. Klassen der Sankt-Ansgar-Schule hatten Tanzstunde mit den Schülerinnen der 10. Klassen der Sophie-Barat-Schule, dem einzigen katholischen Mädchengymnasium in Hamburg. Das geschah in enger Absprache zwischen den beiden Gymnasien und wurde den Eltern von den Schulleitungen schriftlich wärmstens empfohlen. Schüler und Schülerinnen dieser beiden renommierten Gymnasien sollten auf diese Weise unter sich bleiben.

Selbstverständlich hatte die Tanzstunde direkt nichts mit Brunos Funktion als Messdiener zu tun, indirekt aber schon. Denn die intensive katholische Erziehung von Kindesbeinen an hatte unübersehbare Auswirkungen auf das Verhalten Brunos in der Tanzstunde.

Von natürlichem, ungezwungenem Verhalten gegenüber dem anderen Geschlecht war Bruno weit entfernt.

Er war nicht nur in hohem Maße schüchtern, sondern auch unsicher, verkrampft, ängstlich, etwas Falsches zu sagen oder zu tun. Im Umgang mit den meist unbefangenen Mädchen aus der Sophie-Barat- Schule verhielt Bruno sich alles andere als selbstbewusst, eher ein wenig unbeholfen, verlegen und verkrampft.

Das war umso schmerzhafter, weil Bruno zunächst keine Chance sah, Frida näher kennen zu lernen, die ihm gleich bei der ersten Tanzstunde aufgefallen war. Ida, wie sie von ihren Freundinnen genannt wurde, war schlank, hatte eine sportliche Figur und ein ausgesprochen hübsches Gesicht, das von langen blonden Haaren eingerahmt war. Sie war, wie Bruno herausfand, siebzehn Jahre alt und machte sich über vieles lustig, so auch über den Tanzlehrer, der in kurzer Zeit seinen Schülerinnen und Schülern viele Standardtänze beibringen wollte – und Benimmregeln.

Wie zum Beispiel ein Herr eine Dame zum Tanz aufzufordern habe, wie er sie nach dem Tanz an ihren Tisch zurück zu geleiten habe, wie man eine stilvolle Konversation führen könne, ohne seine Tanzpartnerin zu langweilen. Eine Dame sei grundsätzlich von ihrem Tanzherrn zu einem Getränk einzuladen. Dazu kamen noch jede Menge Empfehlungen für eine gelungene Garderobe und wie man einer Dame in den Mantel helfe und ihr stilvoll die Tür aufhalte.

Während Frida und ihre Freundinnen sich über die Ausführungen des Tanzlehrers köstlich amüsierten, war Bruno erheblich verunsichert. Er sah die Tipps und Ratschläge als eine Möglichkeit an, sich der von ihm angehimmelten Frida auf stilvollem Wege zu nähern.

Gelegenheit dazu, dachte er, hätte er beim nächsten Walzer. Deshalb begab er sich am Ende der Tanzpause in unmittelbare Nähe von Frida, um sie als erster zum neu erlernten Walzer auffordern zu können.

»Darf ich bitten?«, fragte Bruno fast im gleichen Tonfall, wie es der Tanzlehrer immer zu machen pflegte. Die schöne Frida grinste breit, was dann in ein glucksendes Lachen überging. Bei Bruno kam in keiner Sekunde das Gefühl auf, angelächelt worden zu sein. Eher verfestigte sich schnell das Gefühl, dass sie ihn nicht wirklich ernst nahm. Und das trug nicht gerade zu Brunos Selbstwertgefühl bei. Innerhalb kürzester Zeit wurde er knallrot im Gesicht. Aber gleich sein Vorhaben aufgeben wollte er auch nicht. Also bot er ihr artig den Arm, um sie auf die Tanzfläche zu geleiten. Und tatsächlich: Sie ließ es mit sich geschehen, aus Neugierde, Höflichkeit oder warum auch immer.

Bruno war allenfalls ein durchschnittlicher Tänzer. Aber von den Durchschnittlichen, fand er, war er einer der Brillantesten. Die ersten Drehungen nach den Klängen des Kaiserwalzers funktionierten tadellos. Er konnte dabei sogar für einen Moment in die strahlend blauen Augen seiner Tanzpartnerin schauen, die den Walzer offensichtlich genoss.

Zu sagen, dass Bruno dabei war, sich in einen Rausch zu tanzen, wäre etwas übertrieben gewesen. Dazu war er zu angespannt.

Just zu dem Zeitpunkt, als Bruno mit seiner Tanzleistung absolut zufrieden war, passierte das Malheur. Bruno und seine Tanzpartnerin Frida stürzten zu Boden. Der Tanzlehrer stoppte umgehend den Plattenspieler mit der beschwingten Walzermusik, um den erstaunt innehaltenden Tanzpaaren zu erklären: »So geht es gar nicht! Ein Herr ist mit seiner Tanzpartnerin ins Straucheln geraten und gestürzt. Und was macht er? Er rappelt sich hoch und stellt sich an den Rand der Tanzfläche, als ob nichts Gravierendes geschehen sei! Das ist unmöglich: Benehmen ungenügend!«

Er machte eine kleine Kunstpause, bevor er in seinen Belehrungen fortfuhr. Währenddessen starrten den um Fassung ringenden Bruno fünfzig Augenpaare unentwegt an, als ob Bruno der schönen Frida gerade einen unsittlichen Antrag gemacht hätte.

»Wenn so ein Unglück passiert, und manchmal kann so etwas Schlimmes eben auch beim Tanzen geschehen, muss der Herr zuerst der gestürzten Dame auf die Beine helfen und nicht sofort an sich denken. Sodann entschuldigt er sich in aller Form für sein ungeschicktes Verhalten, geleitet seine Tanzpartnerin an die Sektbar und lädt sie zu einem Getränk ein.«

Der Tanzkurs nahm die Belehrungen des Tanzlehrers regungslos und in stoischer Ruhe entgegen, während es in Bruno brodelte. Er war sich keiner Schuld bewusst, wollte aber auch nicht Frida für den Sturz verantwortlich machen, die sich ebenfalls blitzschnell aufgerappelt hatte und rein zufällig neben der Getränke-Bar stand. Weder Bruno noch Frida hatten die Tanzenden aufhalten oder gar gefährden wollen.

Nachdem der Tanzlehrer Bruno vor aller Augen noch einmal missbilligend angeschaut hatte, stellte er den Plattenspieler wieder an und die Tanzpaare drehten sich aufs Neue, bis auf Bruno und Frida.

»Tut mir echt leid«, eröffnete Frida das Gespräch und lächelte. »Du hast bei mir einen gut!«

»Ja, aber, aber wie ist es denn passiert?«, rang Bruno nach Worten.

»Ach, ich hab' wohl zu lange meiner Freundin Sabine und ihrem Tanzpartner, diesem langen, ungelenken Typ, hinterher geschaut und dabei die eigene Drehung aus dem Auge verloren. Der Sekt geht auf mich. Ich hoffe, du bist mir nicht allzu böse!«

Brunos Stimmung war wie ausgewechselt. Hatte sich gerade noch jede Menge Wut über den Tanzlehrer angestaut, so wich der Ärger schlagartig und ging über in ein Gefühl von Glückseligkeit.

»Nee, nee, in diesem Fall hat der Tanzlehrer 'mal ausnahmsweise recht, die Rechnung geht auf mich.«

Und dann nahm Bruno allen Mut, den er in sich spürte, zusammen, und sagte: »Aber dafür möchte ich dich nach der Tanzstunde nach Hause begleiten dürfen!«

Frida lachte belustigt auf und nickte. »Tu mir einen Gefallen und laber nicht so wie dieser Schnösel von Tanzlehrer. Nach der Tanzstunde machen wir uns gemeinsam auf den Weg nach Hause! Abgemacht!«

Bruno konnte das Ende der Tanzstunde kaum abwarten. Endlich war es soweit. Der Tanzlehrer wünschte allen einen guten Heimweg.

»Und, wie findest du den Tanzkurs?«, fragte Frida den schweigend neben ihr gehenden Bruno nach kurzer Zeit.

»Och, so ganz okay.«

»Und den Tanzlehrer?«

»Naja, geht so.«

»Warum sagst du nicht, wie du ihn wirklich findest?

Der hat doch versucht, dich vor dem ganzen Kurs bloß-
zustellen! Eigentlich hätte ich vor der gesamten Gruppe
den Sturz auf meine Kappe nehmen müssen, aber vor so
vielen Leuten mag ich nicht so gerne reden. Ich werde
ihn mir vor der nächsten Tanzstunde mal schnappen
und ihm ein paar Takte erzählen!«

Bei so viel Offenheit fiel es Bruno nicht schwer, seine
Zurückhaltung aufzugeben.

»Okay, den Tanzlehrer, diesen eitlen selbstzufriede-
nen Typen, hätte ich vorhin am liebsten ein bisschen
gewürgt. Aber nun ist die Sache gegessen. Schwamm
drüber! Themawechsel!«

»Willst du meine Meinung dazu hören?«

»Entschuldige, schieß los!«

»Sehr großzügig von dir!«, meinte sie mit einem nicht
zu übersehenden breiten Grinsen.

»Also, der Tanzkurs ist oberspießig und der Tanzlehrer
ein Bourgeois, ein reaktionärer Typ erster Güte!«

Bevor Bruno etwas erwiderte, musste er erst einmal tief
durchatmen. Eine solche Diktion war er nicht gewohnt.
Weder vom Elternhaus noch von der Schule. Und schon
gar nicht als Messdiener.

»Was meinst du mit ›reaktionär‹?«

»Dieser Typ von Tanzlehrer hat ein Frauenbild von gestern, eher von vorgestern: Die Frau, das zu beschützende
Wesen, das gehegt und getätschelt wird, aber nichts zu
sagen hat. Entscheiden tut der Mann. Auf der Tanzfläche
wird die Frau hofiert, zu Hause unterdrückt, genau wie
in Politik, Wirtschaft und Kirche.«

Während Frida sich in Rage redete, blieb Bruno erst
einmal stehen, um das Gehörte zu verdauen.

»Hätte ich jetzt nicht gedacht, dass du so links bist! Lernt man so 'was auf der Sophie-Barat-Schule?«

»Nee, hab' ich von Lisa.«

»Und wer ist Lisa?«

»Die Schwester von Erich.«

»Und wer ist Erich?«

»Mein Freund!«

Bruno hatte das Gefühl, als ob ihm jemand einen kräftigen Faustschlag in die Magengrube versetzt hätte. Er rang förmlich um Luft, was seine Angehimmelte zum Glück nicht mitbekam, weil es schon dunkel geworden war.

»Du, du hast einen Freund?« fragte Bruno mit etwas belegter Stimme.

Er wollte es nicht wahrhaben.

»Ja, seit drei Monaten. Erich geht auf's Christianeum in Othmarschen und ist in der 13. Klasse. Seine Schwester Lisa studiert Soziologie an der Uni in Frankfurt.«

»Und von der hast du deine Weisheiten?«, fragte Bruno. Frida hob erstaunt den Kopf, denn Ironie oder Spott hatte sie von dem schüchtern wirkenden Bruno nicht erwartet. Ihre Augen funkelten kampfeslustig.

»Nicht alle, aber einige. Vor allem Fakten über die Rolle der Frau in unserer Gesellschaft, an der die Kirche nicht ganz schuldlos ist. Da lese ich einiges und ärgere mich immer mehr über die katholische Kirche!

Sag mal Bruno, wie kommst du denn mit all den Geboten und Dogmen der Kirche klar?«

»Na ja, geht so, manchmal auch nicht so gut«, gab Bruno etwas zögerlich zu.

»Und was machst du dagegen?«

»Was soll ich schon dagegen machen? Austreten? Dem Papst einen Brief schreiben? Oder was?«

Bruno war in hohem Maß gereizt. Er hatte die Hände in Schulterhöhe gehoben, als ob er sich ergeben wolle, und ließ sie rasch wieder sinken.

»Komm doch am Sonntag mal zum Frühstück vorbei, so gegen 10 Uhr, Lisa und Erich sind auch da. Dann können wir mal in Ruhe über die heilige katholische Kirche sprechen.«

»Sonntag um 10 Uhr kann ich nicht, da bin ich als Messdiener eingesetzt.«

»Nee, das glaub ich jetzt nicht! Du bist Messdiener? Und in der 12.Klasse! Willst du Pfaffe werden?«

»Wenn schon, dann Papst! Aber sag mal im Ernst: Glaubst du wirklich, dass man als Messdiener automatisch den Wunsch verspüren muss, Priester zu werden?«

»Da ich so etwas Hehres nie werden durfte, weiß ich nicht, was im Kopf eines Messdieners, der bald Abi macht, vor sich geht.«

»In Bezug auf ein künftiges Theologiestudium geht bei mir im Kopf gar nichts ab. Messdiener bin ich aus Familientradition und vermutlich auch nicht mehr lange, weil ich mich auf das bevorstehende Abitur konzentrieren muss.«

»Und wie sieht's aus mit Sonntag zum Frühstück? Kannst du nicht mit jemandem tauschen?«

Frida ließ nicht locker, was Bruno erfreut zur Kenntnis nahm.

»Hast du sturmfreie Bude oder sitzen deine Eltern auch mit am Frühstückstisch?«

»Meine Eltern sind geschäftlich unterwegs und der

Kühlschrank ist voll. Also komm vorbei, wenn du es einrichten kannst. Ich würde mich freuen!«

Der letzte Satz ließ Bruno aufhorchen. Vielleicht war Frida gar nicht so eng mit Erich befreundet. Und eine Einladung zum Frühstück hatte er noch nie abschlagen können.

»Ich will meinen Bruder Heinz überreden, die Sonntagsmesse als Messdiener für mich zu übernehmen. Wenn das gelingt, komme ich gerne!«

»Okay, dann bis Sonntag«, verabschiedete sich Frida mit einem warmherzigen Lächeln vor ihrer Haustür, das Bruno auf seinem Heimweg noch lange vor Augen hatte.

Gleichzeitig fragte er sich, warum Frida ganz anders war, als er sich eine typische Schülerin der Sophie-Barat-Schule, die von Nonnen des Ordens »Sacre Coeur« unterrichtet wurde, vorgestellt hatte. Von den Mädchen dieses Gymnasiums hatte er ein hohes Maß an Schüchternheit, Zurückhaltung und Frömmigkeit erwartet, verbunden mit höchstem Respekt gegenüber der katholischen Glaubenslehre. Und er hatte sich vorgestellt, dass die Mädchen aus einer zehnten Klasse zu Schülern einer 12. Klasse bewundernd und ehrfürchtig aufschauen würden. Bruno musste sich eingestehen, von falschen Annahmen ausgegangen zu sein.

Siebtes Kapitel

Als Bruno am nächsten Sonntag zwanzig Minuten nach 10 Uhr bei Frida an der Haustür klingelte, war sie doch ein wenig überrascht.

»Mit dir hatten wir schon gar nicht mehr gerechnet. Wir dachten, dass du als Messdiener unabkömmlich seist.«

»Passt schon, mein Bruder ist für mich eingesprungen.«

»Warst du heute gar nicht in der Kirche?«, wollte Fridas Freund nach der Begrüßung wissen.

»Mach dir mal keine Sorgen um mein Seelenheil!

Aber zu deiner Beruhigung: Ich war gestern in der Vorabendmesse. Ihr habt hier ja leckere Sachen auf dem Tisch!«

»Hau rein, es ist genug da«, lud Frida ihn ein. Während Bruno sich ein Brötchen schmierte, ging es im Gespräch zwischen Frida, Lisa und Erich um das Thema Emanzipation.

Erich wandte sich dem links neben ihm sitzenden Bruno zu: »Sag mal, glaubst du wirklich an Gott?«

Die Frage kam zu diesem Zeitpunkt überraschend für Bruno. Er ließ sich etwas Zeit mit der Antwort.

»Im Prinzip ja. Ich hoffe, dass er mir zur Seite steht, wenn ich in Not bin. Dass er mir Zuversicht gibt. Und du, glaubst du an Gott?«

»Nein. Ich bin seit einiger Zeit Atheist«, erwiderte Erich. »Unsere Eltern haben es uns mit dem vierzehnten Lebensjahr selbst überlassen, wie wir uns religiös entscheiden. Beantworte mir bitte nur eine Frage: Was tut

Gott, wozu ist er da?« Dabei guckte er Bruno gespannt an.

»Das kann ich dir nicht sagen!«, erwiderte dieser nach einer kurzen Phase des Nachdenkens.

»Ich weiß nur, dass ich mir viele Dinge zwischen Himmel und Erde nicht erklären kann, wie zum Beispiel den Anfang der Schöpfung oder die Unendlichkeit des Universums. Deshalb glaube ich an etwas wie Gott.«

»Hast du schon mal was vom Urknall gehört? Oder von so etwas wie der Evolution?«

»Ja, hab' ich. Aber solche Theorien schließen meines Erachtens die Existenz eines Gottes nicht aus. Die Frage, was am Anfang von allem steht, ist mit diesen Theorien ja nicht beantwortet.«

»Und wie sieht er aus, dein Gott?« wollte Lisa wissen.

»Keine Ahnung, wie Gott aussieht! Jedenfalls nicht wie ein alter Mann mit Bart! Als Mensch kann ich ihn mir gar nicht vorstellen. Er ist für mich eher eine abstrakte Größe: Eine Art guter Geist, der für Liebe und Vertrauen, Mitmenschlichkeit und Hilfsbereitschaft steht, eben für das Gute.«

»Und wie erklärst du dann das Böse?«, fragte Erich. »Warum lässt Gott Hass und Verbrechen zu, warum Seuchen und Kriege, wenn er gut und barmherzig ist?«

»Auch das kann ich nicht beantworten.-

Ich erlebe nur, dass der Mensch die Freiheit hat, sich zwischen Gut und Böse zu entscheiden. Gott greift offensichtlich nicht ein, wenn jemand Böses tut. Jeder ist für sein Handeln verantwortlich.«

»Was spricht dafür, dass es Gott gibt? Welche Beweise hast du?«

»Ich habe keine Beweise für die Existenz Gottes.-
Welche Beweise hast du, dass es ihn nicht gibt?«, ging
Bruno in die Offensive.

Erich war verblüfft. Mit einer solchen Frage hatte er
nicht gerechnet. Er schwieg zunächst – und fragte dann:
»Warum hat Gott seinen Sohn ausgerechnet vor rund
2000 Jahren auf die Erde entsandt? Warum zum Beispiel
nicht vor der Pest oder vor dem Dreißigjährigen Krieg?

Die Erde gibt es seit etwa 5 Milliarden Jahren, die Gat-
tung Mensch vielleicht seit 5 Millionen Jahren, die ersten
Hochkulturen seit 5000 Jahren. Warum gerade dann?«

»Woher soll ich das wissen?«, entgegnete Bruno.

»Und wie hältst du es mit der katholischen Religion?«,
fragte Lisa gespannt und schloss gleich weitere Fragen
an: »Warum sind Frauen nicht gleichberechtigt? Warum
konnte Maria als Jungfrau ein Kind bekommen? Woher
stammen die ganzen Dogmen? Und wie findest du die
Sexualmoral der römisch-katholischen Kirche?«

Bruno merkte, dass er in eine Position geriet, etwas zu
verteidigen, von dem er selbst nicht in allem überzeugt
war oder zu wenig wusste. Daher reagierte er verhalten.

»Na ja, mit der katholischen Religion bin ich aufge-
wachsen. Aber den Ursprung vieler Dogmen kenne ich
nicht. Die ungleiche Stellung von Männern und Frauen
in der katholischen Kirche finde ich auch nicht in Ord-
nung. Und mit der Sexualmoral habe ich mich bisher
noch zu wenig auseinandergesetzt.«

»Dann wollen wir dir mal ein bisschen auf die Sprünge
helfen«, erklärte Lisa selbstbewusst.

»Frida und Erich, ihr helft mir bitte dabei, wenn ich
etwas Wichtiges vergessen sollte. Mit der Rolle der Frau

in der römisch-katholischen Kirche beschäftigen wir uns seit einiger Zeit, denn die Kirche hat zur Unterdrückung der Frau in der Gesellschaft erheblich beigetragen.«

»Inwiefern?« Bruno schaute die drei gespannt an.

Und Lisa legte los: »Die religiös begründete Unterordnung der Frau unter den Mann haben christliche Kirchenlehrer aus dem Alten Testament abgeleitet: Eva habe sich durch die Schlange verführen lassen und Adam sei durch Eva verführt worden, außerdem sei Eva minderwertig, weil sie aus der Rippe Adams geschaffen worden sei. Und: Eva sei Adam zur Seite gestellt worden und müsse ihm deshalb behilflich sein. Auch die Schmerzen der Geburt seien eine Folge des Sündenfalls im Paradies. [A33]

Mit dem »Baum der Erkenntnis« sei eigentlich, so haben es findige Theologen für sich interpretiert, der Baum des Beischlafs gemeint. [A34]

Im Neuen Testament dienten der erste Petrusbrief und Briefe von Paulus als Legitimation für die ungleiche Stellung der Frau. Danach sollten Frauen sich ihrem Mann unterordnen, in der Gemeindeversammlung sollten sie schweigen, denn hier hätten Männer das Sagen. Außerdem erhielten die Frauen das Lehrverbot. Die Frau sollte dem Mann in allen Belangen zur Seite stehen. Ämter für Frauen seien von Jesus nicht vorgesehen und widernatürlich.«

»Einspruch! Im Urchristentum füllten Frauen nicht nur die Rolle der treusorgenden Hausfrau aus. Es gab auch Geschäftsfrauen oder Frauen, die für die Organisation der Gemeinden zuständig waren. Habe ich gerade letzte Woche im Religionsunterricht gehört«, warf Bruno ein.

»Mag ja vereinzelt der Fall gewesen sein, die Regel war es nicht«, erklärte Lisa. »Die Tradition von Juden und Griechen, dass Frauen sich unterzuordnen hätten, wurde von den Christen übernommen.« [A35]

»Und wo ist der Bezug zu heute?«, wollte Bruno wissen.

»Ganz einfach«, erwiderte Frida. »Jedes Neugeborene ist doch nach Meinung der Kirche mit der Erbsünde belastet. Daher muss es nach katholischer Lehre schnell getauft werden, sonst droht ewige Verdammnis.«

»Und was hat das mit der Unterdrückung der Frau zu tun?«

»Frauen hatten«, fuhr Erich fort, »seit der triebhaften Eva im Paradies den Stempel der Verführerin in Sachen Sexualität aufgedrückt bekommen. Die gefühlsgeleitete Frau sollte sich deshalb dem vernunftbegabten Mann unterordnen. Laut Bibel war das gottgewollt, genau wie die Herrschaft von Kaisern und Königen. Nach Augustinus, dem bedeutendsten christlichen Kirchenlehrer der Antike, wird die Erbsünde durch Sex übertragen. Das neugeborene Kind sei ein in der Sünde geborenes Kind, das zur Verdammnis bestimmt sei, wenn es nicht rechtzeitig getauft werde.« [A36]

»Wozu jetzt diese Vorstellungen aus der Antike? Sind die nicht überholt?«, unterbrach Bruno die Ausführungen von Lisa.

»Eben nicht, wenn du die Haltung der Kirche heute verstehen willst! 800 Jahre später, im 13. Jahrhundert, hat Thomas von Aquin, der wichtigste christliche Kirchenlehrer des Mittelalters, die Position von Augustinus im Grundsatz bekräftigt. Er betrachtete Sexualität, die nicht im Rahmen einer Ehe auf die Zeugung von Nach-kommenschaft ausgerichtet ist, als Sünde.« [A37]

»Und was hat das mit heute zu tun? Auch das Mittel-alter ist lange her«, warf Bruno ein.

»Die Sexualität wird in der römisch-katholischen Kir-che als etwas Triebhaftes und Sündhaftes angesehen, wie das am Beispiel von Maria, der Mutter von Jesus, deutlich wird. Diese wurde nach christlicher Lehre als Jungfrau schwanger. Die makellos reine Jungfrau Maria wurde der sündigen Eva gegenübergestellt. Die Bibel hat unsere gesellschaftlichen Moralvorstellungen geprägt. Mit der Geschichte der Schöpfung und dem Sündenfall im Alten Testament wurde die Unterordnung der Frau be-gründet und die Gleichberechtigung verweigert.« [A38]

»Beides wollen wir nicht länger hinnehmen!«, bekräf-tigte Frida, »denn wir leben zum Glück nicht mehr im Mittelalter, wo die Kirche das Sagen hatte und Frauen gehorchen mussten, entweder im Kloster oder in der Ehe.«

»Na ja, ein bisschen was geändert hat sich schon in Sachen Gleichberechtigung«, entgegnete Bruno, »Frauen und Männer sind vor dem Gesetz gleich.«

»Richtig!«, pflichtete Lisa bei, »aber de facto längst nicht! Die Gleichstellung vor dem Gesetz haben wir si-cherlich nicht der Kirche zu verdanken. Ganz im Gegen-teil! Die römisch-katholische Kirche hat sich lange gegen die Erkenntnisse der Aufklärung gestemmt. [A39]

Bis heute, anno 1966, gibt es genügend Beispiele für die Nicht-Gleichstellung der Frau. Warum dürfen Frauen weder Priester noch Diakon in der römisch-ka-tholischen Kirche werden? Warum müssen Frauen ihren Ehemann um Erlaubnis bitten, wenn sie berufstätig sein wollen? Warum verdienen Frauen viel weniger als Männer? Warum können Frauen in der Ehe vergewaltigt werden, ohne dass es strafbar ist?«

»Mensch Bruno, wach auf!« wandte sich Erich an den still dasitzenden Bruno. »Schon Marx hat die Religion als ›Opium des Volkes‹ bezeichnet!«

»Und was wollte Marx damit ausdrücken?« fragte Bruno und beantwortete im gleichen Atemzug seine Frage selbst: »Vielleicht meinte Marx damit ja nur die Sehnsucht des Volkes nach Religion.«

»Das glaube ich kaum!«, widersprach Erich. »Viel wahrscheinlicher ist doch, dass Marx auf die Funktion von Religion hinweist: Herrscher halten mit Hilfe der Religion ihr Volk ruhig, auf dass es sich nicht gegen die Herrschenden erhebe.«

»Wie wir Marx jetzt interpretieren, ist mir gerade egal«, entgegnete Bruno. »Du kommst offenbar ohne Glauben aus, auch wenn du an deinen Tod denkst?«

»Die katholische Religion hilft mir jedenfalls nicht dabei. Nach ihrer Lehre sind zu viele Menschen vom ewigen Leben ausgeschlossen«, war Erichs Antwort.

»Und was geschieht nach dem Tod mit deiner Seele?«, hakte Bruno nach.

»Nichts! Vorbei ist vorbei!«, war Erich sich sicher, »das Gerede von der unsterblichen Seele ist reines Wunschdenken! Die Gläubigen glauben das, was sie glauben wollen.«

»Empfindest du dein Leben als sinnlos?«

»Wieso das denn?«, empörte sich Erich. »Der Sinn meines Lebens liegt im Leben, in meinem Tun! Ich lebe gerne, auch wenn ich sterben muss.«

»Lass uns mal wieder über die Rolle der Frau in der Kirche und über die Sexualmoral der katholischen Kirche sprechen«, schlug Lisa vor.

»Ich habe dazu ein konkretes Beispiel«, sagte Erich.

»Mein Bruder Wilhelm ist schwul. Weißt du, welche Haltung die römisch-katholische Kirche gegenüber Homosexuellen vertritt?«

»Nur vage.«

»Die Kirche lehnt Homosexualität als widernatürlich ab, da Fortpflanzung bei homosexuellen Paaren ausgeschlossen sei. Homosexuelles Verhalten wird zur Sünde erklärt, zur schweren Sünde. In Gottes Schöpfung sei Homosexualität nicht vorgesehen.

Damit steht die katholische Sexualmoral im Widerspruch zur Wissenschaft und zu den Menschenrechten!«

»Und wie geht dein Bruder damit um?«

»Er ist aus der katholischen Kirche ausgetreten. Seiner Meinung nach soll eine Religion den Menschen dienen und nicht Ängste schüren und Druck ausüben. Das habe Epikur bereits 300 Jahre vor Christus für den Umgang mit einer Religion gefordert, meint Wilhelm.«

Bruno schwieg. Dann sagte er: »Tut mir leid für deinen Bruder!«

»Wie hoch schätzt du denn den Anteil von schwulen Priestern in der römisch-katholischen Kirche ein? Schätz doch mal!«, forderte Erich den nachdenklich wirkenden Bruno auf.

»Keine Ahnung, vielleicht fünf Prozent?«

»Wenn du eine Null an die Fünf dranhängst, bist du vermutlich näher an der Wahrheit«, erklärte Erich.

»Wenn das zutreffen würde, wäre die Haltung vieler Geistlicher scheinheilig«, stellte Bruno fest.

»So ist es. Aber das ist es ja nicht allein!«, mischte sich Lisa ein. »Wie geht die Kirche mit Sex außerhalb der Ehe um? Ich kann es aus eigener Erfahrung sagen: Gruselig! Ich bin mit meinem Freund Heinrich seit drei Jahren liiert. Wenn wir in die Kiste springen und uns lieben, ist es nach Meinung der Kirche eine ganz schwere Sünde, weil wir nicht verheiratet sind. Das habe ich nach dem ersten Mal noch gebeichtet, weil ich so erzogen worden bin, dann nie wieder. Bei der Beichte musst du diese – aus Sicht der Kirche – sehr schwere Sünde nämlich aufrichtig bereuen und du musst den guten Vorsatz fassen, diese Sünde nicht wieder zu begehen. Beides konnte ich nicht, also habe ich mich von der katholischen Kirche abgewandt.

Ach ja, was ich noch sagen wollte: Zur Buße sollte ich dreimal den Rosenkranz über die ›schmerzensreichen Geheimnisse‹ beten und sechsmal das Glaubensbekenntnis. Was immer der Beichtvater mit dieser Art von Buße bezweckte, er hat sein Ziel bei mir nicht erreicht!«, betonte Lisa, »weil ich wirklich nichts bereute.«

»Noch skandalöser finde ich die Haltung der katholischen Kirche zur Empfängnisverhütung. Unbegreiflich angesichts der Überbevölkerung in vielen Teilen der Welt und der vielen Geschlechtskrankheiten!«, ergänzte Frida.

»Trägst du das alles wirklich mit, Bruno?«, fragte sie ungläubig.

Der brauchte einige Zeit, um das Gehörte zu verdauen. Diese Art von Kritik an der Kirche war ihm bisher nicht begegnet, weder in der Schule noch in Familie und Gemeinde.

»Warum sagst du nichts?«, forderte Erich den immer noch schweigenden Bruno zu einer Antwort auf.

»Weil ich mich mit der Sexualmoral der römisch-katholischen Kirche bisher noch nicht genügend auseinandergesetzt habe. Da seid ihr mir ein paar Schritte voraus.«

»Hört, hört«, amüsierte sich Erich, »wohl eher ein paar Meilen! Die Kirche beharrt auf uralten Vorstellungen!«

»Auch ich stimme nicht mit allem, was die Amtskirche so von sich gibt, überein. Eine eigene Meinung zu haben ist durchaus erlaubt, auch als Messdiener. Ich bin kein Vasall oder Leibeigener des Papstes! Du kannst mich nicht für alles verantwortlich machen, was in der katholischen Kirche vor sich geht!«

»Wollen wir ja gar nicht«, erklärte Lisa. »Wir wollen uns nur mit dir über die katholische Kirche auseinandersetzen.«

»Na, dann bin ich ja beruhigt«, entgegnete Bruno.

»Wie hältst du es denn mit den zahlreichen Dogmen, die die katholische Kirche aufgestellt hat?«, wollte Lisa wissen.

»Die Dogmen bestimmen meinen Alltag nicht!« Das konnte Bruno mit Gewissheit sagen.

»Aber den Sonntag! Oder warum gehst du jeden Sonntag in die Kirche und hilfst sogar als Messdiener aus?«, insistierte Erich.

»Das Sonntagsgebot ist kein Dogma, sondern ein Kirchengebot. Und in die Rolle als Messdiener bin ich reingewachsen seit meinem achten Lebensjahr. Da habe ich nicht über Dogmen nachgedacht, sondern die Tradition in der Familie fortgeführt. Jeder meiner Brüder ist Messdiener. Meine Eltern haben das von mir erwartet! Mit acht Jahren wusste ich weder, was ein Dogma ist, noch wie es geschrieben wird.«

»Und heute? Mit 18? Wie hältst du's heute mit den Dogmen?« Bei der Frage blickte Frida ihn herausfordernd an.

»Dogmen sind für mich nicht so wichtig, eher nebensächlich. Ich kenne längst nicht alle. Und die, die mir nichts sagen, lasse ich nicht so an mich herankommen.«

»Also bastelst du dir das, was du glaubst, selbst zusammen? Ist es so?«, fragte Lisa erstaunt.

»In gewisser Weise ja. Was ich in der katholischen Lehre nicht überzeugend finde, lasse ich fallen.«

»Und was sagt dein Papst dazu?« Erichs Spott war nicht zu überhören.

»Der Papst ist für mich nicht so wichtig. Nicht so wichtig wie Fidel Castro für dich!«, entgegnete Bruno gereizt. Mit Befriedigung nahm er zur Kenntnis, dass Frida sich über den Vergleich amüsierte, während Erich über den Vergleich nicht so richtig lachen konnte und sich offensichtlich ärgerte, was seinem Mienenspiel zu entnehmen war. Vielleicht, dachte Bruno, könnte er mit Spontaneität und Schlagfertigkeit bei Frida punkten. »Ein bisschen Grütze unter der Mütze darfst du auch als Messdiener haben. Eigenständiges Denken ist nicht verboten, sondern erwünscht. Und ob du an ein Dogma glaubst oder nicht, musst du eben für dich selbst entscheiden. Das ist ein bisschen komplizierter als Castros Politik aus der Ferne zu bejubeln!«

Bruno merkte, wie Erich wütend wurde. Dann legte dieser los:

»Nun pass mal gut auf, verehrter Obermessdiener, jetzt werde ich dir mal ein paar Takte zur katholischen Kirche sagen: Deine Kirche hat ganz viel Dreck am Stecken! Richtig viel!

Sie hat den Tod vieler Millionen Menschen zu verantworten, mit zu verantworten oder hat ihn billigend in Kauf genommen!

Zähl mal zusammen, wie viele Menschen durch Judenverfolgungen, durch Kreuzzüge, durch die Inquisition und durch christliche Religionskriege umkamen!

Dann rechne mal dazu, wie viele Menschen im Zuge der Missionierung und der Sklaverei getötet worden sind! Da kommt schon einiges zusammen!

Und während der NS-Herrschaft hat sich die katholische Kirche, von wenigen Geistlichen mal abgesehen, auch sehr angepasst gegenüber den Nazis und ihren Verbrechen verhalten. [A40]

Aber das ist es ja nicht allein!

Die römisch-katholische Kirche ist ein autoritäres System, das seine Schäfchen durch strikte Regeln und Gebote bei der Stange hält.

Ich verstehe wirklich nicht, wie man noch katholisch sein kann!« beendete Erich seine Abrechnung mit der Kirche.

»Willst du mich jetzt allen Ernstes für sämtliche Vergehen und Versäumnisse der katholischen Kirche verantwortlich machen? Fühlst du dich denn verantwortlich für die Verbrechen der Deutschen im Zweiten Weltkrieg?«, empörte sich Bruno.

»Darum geht es doch gar nicht!«, griff Lisa in den immer hitziger werdenden Dialog ein. »Für Verbrechen, die früher begangen worden sind, tragen wir persönlich keine Schuld. Das ist klar! Trotzdem sind wir verpflichtet, uns der Geschichte zu stellen und verantwortlich mit ihr umzugehen! Das gilt auch für die Kirche, die sich mit der Aufarbeitung ihrer Geschichte offensichtlich verdammt schwertut.

Insgesamt glaube ich, dass die Religionen den Menschen eher geschadet als genutzt haben! [A41]

Sie haben Druck und Gewalt auf Menschen ausgeübt. Frauen wurden und werden noch immer massiv diskriminiert!« [A42]

»Über die Benachteiligung von Frauen in Religionen weiß ich zu wenig«, räumte Bruno ein, »ich weiß nur, dass meine Oma in ihrem Leben, welches mit Flucht und Vertreibung aus Ostpreußen verbunden war, viel Kraft und Lebensmut aus ihrem Glauben geschöpft hat. In größter Not und Verzweiflung habe sie viel gebetet. ›An wen sonst als den Herrgott hätte ich mich denn wenden sollen?‹, hat sie immer gesagt. Die Religion habe ihr Halt und Trost gegeben. Wie vielen Menschen ihre Religion jeweils eine Stütze gewesen ist, wissen wir nicht, wie vielen sie Leid zugefügt hat, vielleicht eher.«

»Aber längst nicht in vollem Umfang, wenn ich auch an psychisches Leid denke«, warf Lisa ein: »Eine Tante von mir hat ihr uneheliches Kind heimlich zur Welt gebracht, weil ihre strenggläubigen katholischen Eltern es nicht mitbekommen sollten. Als das Kind geboren war, hat sie es in einer befreundeten Familie aufwachsen lassen, was weder für die Mutter noch für das Kind gut war. Durch christliche Moralvorstellungen und Gebote ist unglaublicher gesellschaftlicher Druck auf unverheiratete Mütter ausgeübt worden. Das finde ich alles andere als menschlich und barmherzig!«

»Aber es gibt doch auch positive Beispiele für solidarisches und christliches Verhalten«, warf Bruno ein. »Ich habe als Messdiener in der Kirche sehr engagierte Menschen kennengelernt, die ihre eigenen Bedürfnisse zurückstellten und da anpackten, wo die Not am größten war. Darunter waren Geistliche, Ordensschwestern, Diakone, aber vor allem auch viele einfache Gemeindemitglieder. Für sie war die christliche Botschaft ein Lebensprinzip. Sie schöpften Kraft aus den Sakramenten. Das ist einfach so!«, brach Bruno eine Lanze für die Kirche.

»Und wie erklärst du die Gewalt, die von den Religionen ausging und immer noch ausgeht?«, wollte Erich wissen.

»Religionen wurden und werden immer noch instrumentalisiert«, räumte Bruno ein.

»Und legitimiert wurde und wird die Anwendung von Gewalt mit Zitaten von ›Heiligen Schriften‹«, ergänzte Frida und erklärte: »In der Bibel gibt es genügend Aufrufe zur Gewalt. Ich finde, jede Religion müsste auf den Einsatz von Gewalt verzichten.« [A43]

»Das finde ich auch«, pflichtete ihr Bruno bei, »und sämtliche Verbote und Gebote der Religionen müssten auf den Prüfstand!«

»Aber genau davon will dein Papst nichts wissen!« warf Erich ein und fügte hinzu: »Eine gemeinsame Religion für alle Menschen bleibt eine Utopie!«

»Genauso wie ein menschlicher Sozialismus!«, bemerkte Bruno.

»Aber jetzt müssen wir Schluss machen und aufräumen, sonst kriegen meine Eltern nachher einen Schlag«, drängte Frida zum Aufbruch.

Bruno war froh, dass dieses für ihn sehr anstrengende Gespräch zu Ende war.

Mit einem etwas gequälten Lächeln verabschiedete er sich: »So ein Thema habe ich sonst am Sonntagmorgen nicht zu fassen!«

»Weil du da andächtig der Predigt von Hochwürden lauscht«, grinste Frida.

»Dann bis zur nächsten Tanzstunde!« Dabei nahm sie ihn für einen kurzen Moment in den Arm.

Achtes Kapitel

Nur wenige Tage nach dem Frühstück bei Frida mit Erich und Lisa hatte Bruno ein Gespräch mit dem Herrn Pfarrer seiner Gemeinde, abends um 20 Uhr.

»Sie wollten mich sprechen, Herr Pfarrer. Worum geht es?«

»Schön, dass du gekommen bist. Es geht um etwas Grundsätzliches, was für dich und die Kirche von großer Bedeutung sein kann.

Aber leg doch erst einmal ab und nimm Platz.

Was möchtest du trinken? Saft oder Wein? Etwas anderes habe ich zurzeit leider nicht da.«

»Dann bitte ein Glas Wein!« Bruno, der in einem dicken Ledersessel hatte Platz nehmen dürfen, nahm mit Erstaunen wahr, wie der Herr Pfarrer eine Flasche von dem guten Messwein entkorkte und anschließend zwei Gläser füllte. Er reichte Bruno ein Glas, nahm selbst das andere in die Hand und sagte: »Auf dein Wohl und die richtige Entscheidung!«

»Welche Entscheidung haben Sie im Blick, Herr Pfarrer?«

»Darauf komme ich später noch zurück! Zunächst einmal möchte ich mich ausdrücklich dafür bedanken, dass du der Gemeinde viele Jahre als Messdiener zur Verfügung gestanden hast. Ich habe vom Herrn Kaplan gehört, dass du dich jetzt auf das Abitur konzentrierst und dein Amt als Messdiener aufgeben willst. Das ist einerseits bedauerlich, andererseits verständlich! Ich habe dich stets als gewissenhaften und zuverlässigen Mitarbeiter der Kirche erlebt und schätzen gelernt. Darauf lass uns erst einmal anstoßen und einen ordentlichen Schluck nehmen!«

Dabei hob Hochwürden das Glas und stieß mit Bruno an, der auf Grund des Lobs doch einigermaßen überrascht war. Solche Töne hatte er noch nie zu hören bekommen.

Worauf wollte der Herr Pfarrer hinaus?

Während des Trinkens überlegte Bruno fieberhaft, aber er kam zu keinem brauchbaren Ergebnis. Der Messwein war alles andere als trocken und stieg ihm in den Kopf. Eigentlich trank Bruno lieber Bier, möglichst frisch Gezapftes. Da Brunos Verwunderung nicht zu übersehen war, beeilte sich Hochwürden anzumerken: »Ad rem! Das heißt: Zur Sache!«

»Ich weiß«, bemerkte Bruno, »so weit reichen meine Lateinkenntnisse gerade noch.«

»In einem halben Jahr wirst du die Schule mit dem Abitur verlassen. Weißt du schon, was du einmal werden willst? Oder anders gefragt: Was willst du studieren?«

»Gute Frage, Herr Pfarrer, ich weiß es leider noch nicht genau. Vielleicht Jura oder Geschichte und Germanistik. Ich bin mir überhaupt noch nicht sicher.«

»Da bin ich ja richtig erleichtert, dass du noch so unentschlossen bist. So eine Berufswahl will gut überlegt sein!«

Er beugte sich zu Bruno herüber. »Hast du nicht schon einmal daran gedacht, Priester zu werden? Schließlich warst du als Messdiener sehr engagiert! Du kennst den Beruf des Priesters aus nächster Nähe. Was meinst du?«

Bevor Bruno antwortete, stellte er vorsichtshalber sein

Rotweinglas, das er noch immer in der rechten Hand hielt, auf dem Tisch ab.

Das war es also. Der Herr Pfarrer wollte ihn für seine Zunft gewinnen.

»Herr Pfarrer, wenn ich ganz ehrlich sein soll, daran habe ich bisher noch gar nicht gedacht.«

»Das erstaunt mich schon! Hattest du im Gebet mit Gott nie das Gefühl berufen zu sein, als Arbeiter im Weinberg des Herrn tätig zu werden?« fragte der Geistliche ungläubig.

»Bei mir war das so. Ich fühlte mich berufen und bin diesem Ruf gefolgt, wie du siehst. Und ich habe es nie bedauert. Es ist befriedigend, für andere Menschen da zu sein und ihnen helfen zu können!« Der Herr Pfarrer nickte Bruno aufmunternd zu.

»Klar, als junger Mensch hat man so seine Zweifel. Hatte ich auch. Aber die gehen vorüber, wenn man sich klar macht, wofür man sich als Geistlicher einsetzt: Gott und den Menschen zu dienen, wie Jesus es uns vorgelebt hat. Wenn du dich für das Gute einsetzen willst, bist du in der Kirche am richtigen Platz!«

Nachdem er mit großer Begeisterung für seinen Berufsstand geworben hatte, guckte er Bruno erwartungsvoll an.

Dieser dachte gerade an die hübsche Frida und ihren Freund Erich, den er sonst wohin wünschte, aber nicht an die Seite von Frida.

Aber diese Gedanken konnte er schlecht dem Herrn Pfarrer vermitteln. Erstens war es unchristlich gedacht gegenüber Erich und zweitens schien das andere Geschlecht bei Hochwürden nie eine Rolle bei seiner Berufsfindung gespielt zu haben. In seinen Ausführungen kam es jedenfalls nicht vor.

»Nun Bruno, ich weiß, dass du dich sehr gut eignen würdest! Was meinst du?«, drängte der Herr Pfarrer seinen Obermessdiener zu einer Antwort.

Dieser wirkte ratlos und saß schweigend in dem für ihn viel zu großen Ledersessel. Dass Brunos Sprachlosigkeit mehr mit der vertrackten Situation um Frida als mit der bevorstehenden Berufswahl zu tun hatte, konnte der Geistliche nicht ahnen. Er legte Brunos Unentschlossenheit als Zeichen für intensives interessiertes Nachdenken über die Berufswahl des Priesters aus.

»Nun mein Sohn im Herrn, lass dir Zeit. Ich empfehle dir drei Wochen Exerzitien im Kloster Nütschau nach dem Abitur. Dann wirst du klarer sehen und die richtige Berufswahl für dich treffen! Da bin ich mir sicher! Nur Gott gibt dem Leben einen letzten Sinn!«

»Herr Pfarrer, bitte nehmen Sie es mir nicht übel, aber ich kann mir wirklich nicht vorstellen, auf die Kanzel zu steigen und zu predigen. Auch glaube ich nicht, dass ich mit dem Zölibat klarkommen würde.«

»Wie kommst du denn darauf? Hast du eine Freundin?«, wollte der Herr Pfarrer wissen.

»Na ja, also noch nicht sicher, aber das ist nur noch eine Frage der Zeit«, gab sich Bruno betont optimistisch, um das lästige Thema der Berufswahl einem raschen Ende zuzuführen.

»Das habe ich jetzt nicht erwartet«, sagte der Herr Pfarrer sichtlich enttäuscht.

»Ich habe dich noch nie in Begleitung einer Freundin gesehen! Prüfe dich! Geh in dich! Wenn du auf Erden

Verzicht übst, zum Beispiel auf Frau und Kinder, wird es dir im Himmel hundertfach vergolten! Das Leben ist kurz im Vergleich zur Ewigkeit! Und ein Platz im Himmel ist dir als Priester gewiss!«

Überzeugt von der Argumentation des Herrn Pfarrers war Bruno nicht. Reglos saß er da und starrte in das Glas mit dem schweren Messwein. Wie konnte er es schaffen, dieses für ihn unangenehme und peinliche Gespräch zu beenden?

»Herr Pfarrer, ich habe ganz vergessen, dass ich meiner Tanzpartnerin Frida versprochen habe, sie von der Tanzstunde abzuholen und nach Hause zu begleiten«, hörte Bruno sich plötzlich sagen. »Ich hoffe, Sie sind mir nicht böse, wenn ich jetzt gehe.«

Obwohl der Herr Pfarrer durch den Gesprächsverlauf doch arg enttäuscht wirkte, sagte er: »Natürlich nicht, Bruno! Und das mit der Berufswahl, das solltest du dir noch einmal gründlich überlegen!

Solltest du dich allerdings gegen den Beruf des Priesters entscheiden, gebe ich dir einen ernstzunehmenden Rat in Bezug auf deine weitere Lebensplanung: Bleib anständig und geh keine Mischehe ein!«

Als Bruno die Tür des Pfarrhauses schloss, atmete er tief durch. Dass er dem Herrn Pfarrer etwas vorgeschwindelt hatte, belastete Brunos Gewissen nur für einen kurzen Moment. Es war aus seiner Sicht eine Notlüge, spontan aus der Situation heraus entstanden. Dem Geistlichen war dadurch kein Nachteil entstanden. Eher ein Vorteil, nämlich ein bisschen mehr Freizeit, fand Bruno. Außerdem war die Flasche Rotwein gerade erst angebrochen und ließ sich bestimmt auch gut alleine austrinken.

»Hallo Bruno, was machst du denn hier?« hörte er eine Stimme, nachdem er das Gartentor des Pfarrhauses hinter sich zugezogen hatte. Die Stimme kam ihm bekannt vor, wenn auch nicht sehr vertraut. Er drehte sich um und schaute in das feixende Gesicht von Erich.

»Hast du gerade bei Hochwürden gebeichtet? Oder hast du geholfen, die Kollekte vom letzten Sonntag zu zählen?«

»Nee, ich habe von seinem Messwein gebechert!« antwortete Bruno in einem Ton, als wäre es das Normalste und Selbstverständlichste auf der Welt.«

»Nicht schlecht, guter Witz!« rang Erich sich ein kleines Lob über Brunos vermeintliche Schlagfertigkeit ab.

»Na ja, ist ja auch deine Sache, was du am späten Abend mit Hochwürden noch so treibst.« Dabei guckte er Bruno gespannt an, was dieser darauf antworten würde.

»Hochwürden hat ja ein Keuschheitsgelübde abgelegt, sonst hätte ich gerne mit ihm ein bisschen gekuschelt«, erwiderte Bruno, ohne dabei eine Miene zu verziehen.

»Okay, okay, lassen wir das! Wie fandst du denn das Frühstück bei Frida neulich?« Bruno spürte, dass diese Frage nicht provokativ gemeint war.

Deshalb räumte er ein: »Ihr hattet mich ja ganz schön in die Mangel genommen. Mit der katholischen Kirche muss ich mich wohl noch ein bisschen mehr auseinandersetzen.«

»Ja, das mach mal, da hast du gut zu tun!« kam die herablassende Art von Erich durch. »Ach ja, die Sache mit Gott will ich dir eben noch schnell erklären«, bemerkte Erich, schon halb im Weggehen begriffen: »Gott steht für das Gute im Menschen, der Teufel für das Böse. Alles andere ist Fiktion.«

»Ist es so einfach?«, zweifelte Bruno.

»Ja, ist es!« war Erich sich sicher. »Schon Goethe wusste: ›Was der Mensch als Gott verehrt, ist sein eigenstes Inneres herausgekehrt‹.«

»Goethe hat sich in Bezug auf eine Existenz Gottes nicht so eindeutig aus dem Fenster gelehnt wie du«, entgegnete Bruno, »weil er wusste, dass er nicht alles weiß.«

»In diesem Punkt schließe ich mich dem Herrn Geheimrat doch glatt an«, erklärte Erich, wobei sein spöttischer Unterton nicht zu überhören war. »Dennoch steht für mich fest: Nicht Gott schuf den Menschen, sondern der Mensch schuf Gott. Für alles, was er sich nicht erklären konnte. Früher waren es Götter, heute ist es ein Gott, der für alles herhalten muss.«

»Und wie erklärst du die Gesetzmäßigkeiten in der Natur?« Bei der Frage guckte Bruno sein Gegenüber gespannt an.

»Keine Ahnung! Wenn ich es wüsste, würde man mich sofort für den nächsten Nobelpreis vorschlagen!« gab Erich zu. »Ich habe nie behauptet, alles zu wissen. Nur in dem vermeintlichen Wirken Gottes kann ich keine klare Linie erkennen.«

Bevor Erich sich endgültig wegdrehte, um seinen Weg fortzusetzen, fragte Bruno noch schnell: »Wie geht's eigentlich Frida?«

»Die will ich gerade besuchen. Soll ich sie von dir grüßen?«

Bruno versuchte seine Enttäuschung zu überspielen: »Nee, ist nicht nötig, ich sehe sie ja übermorgen in der Tanzstunde!«

Auf dem Weg nach Hause merkte Bruno, dass er Erich beneidete und die Eifersucht in ihm hochstieg und sich rasend schnell ausbreitete. Seine Laune verschlechterte sich von Schritt zu Schritt und eine bleierne Leere machte sich in seinem Kopf breit.

Zu Hause angekommen wollte er auf direktem Weg in sein Zimmer schleichen, wurde aber dabei von seinem Vater im Flur der Wohnung abgefangen.

»Na, wie war es beim Herrn Pfarrer?«

»Hast du etwa das Gespräch mit dem Geistlichen eingefädelt?«, fragte Bruno seinen Vater gereizt.

»Ohne mich vorher in Kenntnis zu setzen? Das macht mich völlig fertig!«

»Sei mir bitte nicht böse! Ich will es dir erklären, bei einem Bier in der Küche!«

Nachdem beide am Küchentisch Platz genommen hatten, eröffnete Brunos Vater das Gespräch, während Bruno wie versteinert dasaß.

»Sicherlich war es ein Fehler von mir, dich nicht davon in Kenntnis gesetzt zu haben, dass das Gespräch auf meine Bitte zustande gekommen ist!«

»Wozu diese Geheimniskrämerei?«

»Ich habe mich etwas davor gedrückt, das Thema mit dir offen zu bereden.«

»Aber über mögliche Studiengänge nach dem Abitur haben wir doch erst vor kurzem gesprochen.«

»Nicht über das Studium der Theologie!«

»Willst du, dass ich Priester werde?«

»So würde ich das nicht formulieren. Was du einmal werden möchtest, entscheidest du ganz allein!«

»Und warum dann das Gespräch beim Herrn Pfarrer?«

»Ich hatte gehofft, es könnte bei dir etwas auslösen!«

»Was?«

»Wie du weißt, stamme ich aus dem Ermland, einer katholischen Enklave in Ostpreußen. Dort war es üblich, dass aus kinderreichen katholischen Familien ein Priester hervorging. Und deshalb habe ich den Herrn Pfarrer gebeten, mit dir über den Beruf des Priesters zu sprechen, damit du diese Möglichkeit nicht übersiehst.«

»Aber das hättest du doch auch mit mir direkt besprechen können! Wozu den Geistlichen einschalten?«

»Er ist Experte, ich nicht.«

»Sag mal, warum bist du eigentlich nicht Priester geworden?«

»Der Zölibat wäre nichts gewesen für mich!«

»Das ist bei mir auch so!«

»Hast du heimlich eine Freundin?«

»Nee, noch nicht wirklich. Aber ein Mädchen aus der Tanzstunde gefällt mir sehr gut.«

»Na, dann wünsche ich dir viel Glück! Und die Sache mit dem Theologiestudium hat sich jetzt für mich erledigt.«

Bevor Bruno wenig später in seinem Bett einschlief, fiel ihm ein Satz von Ignatius von Loyola, dem Gründer des Jesuitenordens, ein: »Der Mensch ist geschaffen, um Gott, unseren Herrn, zu loben, ihm Ehrfurcht zu erweisen und ihm zu dienen und dadurch sein Seelenheil zu erlangen.«

Neuntes Kapitel

Zur nächsten Tanzstunde erschien Bruno sehr pünktlich. Er hatte sich fest vorgenommen, Frida einige Fragen zu stellen. Aber natürlich so, dass es niemand mitbekam. Am besten würde sich dazu der gemeinsame Heimweg nach der Tanzstunde anbieten, dachte sich Bruno. Aber passte das Frida überhaupt? Und was wäre, wenn Erich sie abholen würde? Sollten sie dann zu dritt den Weg nach Hause einschlagen?

Während Bruno diese Gedanken verfolgte, hörte er eine Stimme hinter sich, neben der Getränkebar: »Da ist ja unser Walzerkönig vom letzten Mal! So einen Crash habe ich zuletzt vor fünf Jahren erlebt! Ausgesprochene Bewegungstalente gibt es eben immer wieder!«

Es war die Stimme des Tanzlehrers, die in ein dröhnendes Lachen überging, weil er von seinem eigenen Sprachwitz überwältigt schien.

Bruno drehte sich um und sah in das hämisch grinsende Gesicht seines Tanzlehrers, der gerade einige Schallplatten für den Plattenspieler neben der kleinen Theke zurechtlegte, und er beschloss, darauf nicht zu reagieren.

Eine Antwort bekam der Tanzlehrer dennoch, aber nicht von Bruno: »Hochverehrter Herr Niemeyer, Sie als begnadeter Tanzlehrer machen natürlich keine Fehler beim Tanzen, ich schon! Durch meine Ungeschicklichkeit habe ich in der letzten Tanzstunde meinen Tanzpartner Bruno zu Fall gebracht. Das von Ihnen ach so bemitleidete Bewegungstalent bin ich«, erklärte Frida, die den Tanzsaal unbemerkt von den beiden betreten und die letzten Sätze des Tanzlehrers mitbekommen hatte.

Während Bruno von Fridas Einwurf und ihrem Aussehen rundum begeistert war, brauchte Herr Niemeyer einen kurzen Moment, um das Gehörte zu verarbeiten und wieder in die Rolle des galanten Kavaliers zu schlüpfen: »Verehrtes junges Fräulein, so eine kleine Unachtsamkeit kann schon mal passieren. Gerade beim Walzer! Um sicher zu gehen, werde ich heute den ersten Walzer mit Ihnen tanzen. Seien Sie unbesorgt!«

Und zu Bruno gewandt: »Tut mir leid, dass ich Sie für den Sturz verantwortlich gemacht habe! 90 Prozent der Stürze beim Tanzen gehen erfahrungsgemäß auf die Kappe der Männer! Darf ich Sie beide jetzt vor der Tanzstunde noch schnell zu einem Getränk einladen?«

Kein Zweifel: Der Tanzlehrer war um Wiedergutmachung bemüht. Frida lächelte Bruno so lange zu, bis dieser sich auch ein Lächeln abrang und einlenkte: »Für mich bitte ein Bier!«

»Für mich auch!«, schloss Frida sich an.

Die anschließende Tanzstunde verlief ohne Zwischenfälle. Bruno konnte nur einmal mit Frida tanzen, weil die Tanzpartner ständig rotierten. Bei dieser Gelegenheit verabredete er den gemeinsamen Nachhauseweg. Auf die Frage, ob Erich sie von der Tanzschule abhole, antwortete sie lachend: »Lässt du dich etwa von der Tanzstunde abholen?«

Schon nach wenigen Schritten auf dem Heimweg eröffnete Bruno das Gespräch: »Wie kommt es, dass du als Sophie-Barat-Schülerin so anders bist?«

»Wie anders?«

»So links!«

»So links bin ich gar nicht. Im Vergleich zu Erich bin ich eher linksliberal.«

»Für eine Schülerin des einzigen katholischen Mädchengymnasiums in Hamburg, das von Nonnen geleitet wird, bist du verdammt unangepasst! Wie kommt's?«

»Vielleicht, weil ich das Produkt einer Mischehe bin: Vater protestantisch, Mutter katholisch. Vielleicht, weil ich mit Erich und Lisa befreundet bin. Vielleicht, weil ich nicht alles glaube, was man mir in der so Schule erzählt. Vielleicht, weil ich erst einmal grundsätzlich vieles in Frage stelle.

Und du? Wie schätzt du dich ein?«

»Im Vergleich zu dir bin ich wohl eher angepasst. Zehn Jahre Messdiener sprechen für sich.«

»Warum hast du das so lange gemacht?«

»Gute Frage! Ich glaube aus Gewohnheit. Aus familiärer Tradition. Und aus Freude an gemeinsamen Erlebnissen. Da kommt einiges zusammen.«

»Was für gemeinsame Erlebnisse waren das?«

»Mit den Messdienern war ich auch außerhalb der Kirche unterwegs: zum Beispiel bei Radtouren und Zeltlagern, Fußball- und Tischtennisturnieren, Kuchenschlachten und Kinobesuchen, um nur einiges zu nennen.«

»Und wo habt ihr gezeltet?«

»Am Ratzeburger See oder am Plöner See. Also quasi um die Ecke!

Sag mal, bist du verknallt in Erich? Seid ihr sehr eng befreundet?« konnte Bruno diese für ihn entscheidende

Frage jetzt nicht mehr länger zurückhalten, obwohl sie ihm sehr peinlich war.

Frida blieb für einen Moment erstaunt stehen.

»Warum interessiert dich das?«

»Weil ich dich sonst mal zu einem Kinobesuch einladen würde.«

Frida blieb ein zweites Mal stehen.

»Wenn du einen guten Film vorschlägst, der mich interessiert, komme ich mit, wenn es zeitlich passt. Und zahlen tue ich selbst für mich!«

»Und was sagt Erich dazu?«

»Was soll er dazu sagen?

Muss ich ihn fragen? Brauche ich seine Genehmigung? Ich entscheide selbst, was ich tue! Ich brauche keinen Vormund!«

»Wäre Erich denn nicht eifersüchtig, wenn du mit mir ins Kino gehen würdest?«

»Erstens wäre das sein Problem und zweitens hätte ich dafür überhaupt kein Verständnis! Ich bin ein freier Mensch und entscheide nach Lust und Laune. Und schon gar nicht bin ich das Anhängsel von Erich oder sonst wem! Sonst noch Fragen?«

»Was wäre denn, wenn Erich mit einem anderen Mädchen ins Kino ginge?« versuchte Bruno zu provozieren.

»Das wäre dann Erichs Sache, nicht meine! Ich mische mich doch nicht in Erichs Angelegenheiten ein!«

»Ich dachte, ihr seid befreundet!«

»Ja, sind wir! Aber ohne gegenseitige Besitzansprüche! Wir machen jeweils das, wozu wir gerade Lust haben. Alleine, zu zweit oder mit anderen. Wir sind uns gegenseitig keine Rechenschaft schuldig!«

»Und wenn Erich mit einer anderen ins Bett stiege?«

»Es wäre seine Entscheidung!

Und du, wie hältst du es mit Partnerschaft und Treue?« wollte Frida nun wissen.

»Ich habe diesbezüglich keinerlei Erfahrungen«, räumte Bruno ein.

»Wie kommt's? Weil du so katholisch bist?«

»Kann schon sein! Der römisch-katholische Kirchenverband in Hamburg hat ja dafür gesorgt, dass wir in getrennten Schulen unterrichtet werden.«

»Kommt für dich denn nur ein katholisches Mädchen als Freundin in Frage?«

»Nee, grundsätzlich nicht, aber vereinfachen würde es die Sache schon! Das habe ich beim letzten gemeinsamen Frühstück bei dir gemerkt.«

»Inwiefern das denn? Ich bin auch noch katholisch, und Erich und Lisa sind es lange Zeit gewesen. Die Auseinandersetzung mit der römisch-katholischen Kirche und ihren Moralvorstellungen bleibt dir auch bei einer katholischen Freundin nicht erspart!

Oder willst du gleich heiraten, damit du mit deiner Freundin schlafen kannst?«

»So weit bin ich noch nicht einmal gedanklich «, gab Bruno zu.

»Mensch Bruno, du bist ja sowas von katholisch!« Ihre Stimme klang eher bemitleidend als vorwurfsvoll. »Nimm den Beichtspiegel und knick ihn! Mehr kann ich dazu nicht sagen!«

Bruno musste das Gehörte erst einmal verdauen. Deshalb trottete er schweigend neben Frida weiter. Er spürte seine am Katechismus orientierte Gewissensbildung und gleichzeitig nahm er die Unbekümmertheit Fridas wahr, die frei und ungehemmt aussprach, was sie dachte und fühlte. Und die das machte, wozu sie Lust hatte.

Sexualität vor der Ehe war für Bruno mit schwerer Sünde verbunden. So hatte er es gelernt und als strengerzogener Katholik verinnerlicht. Davon kam er so schnell nicht los.

»Hat es dir die Sprache verschlagen oder denkst du gerade über den Beichtspiegel nach?«, versuchte Frida das Gespräch wieder zu beleben.

Doch Bruno antwortete nicht. Stattdessen ging er angespannt neben ihr her.

»Warum bist du eigentlich so antikirchlich eingestellt?« wandte er sich Frida abrupt zu.

»Das kann ich dir schnell erklären!«, erwiderte diese.

»Von den Kanzeln herab wird doch immer gepredigt, dass vor Gott alle Menschen gleich seien.

Genau diese Gleichheit gibt es in der römisch-katholischen Kirche aber nicht!«

Bruno sah sie überrascht und fragend an.

»Wieso? Die Besucher von Gottesdiensten und die Mitglieder einer Gemeinde haben doch die gleichen Rechte.«

»Auf Gemeindeebene schon, wenn man von der herausragenden Stellung des Pfarrers einmal absieht. Aber von wem wird die gesamte Religion denn bestimmt? Die Autoren der Bibel sind fast ausschließlich Männer. Handelnde Personen in der Bibel: ganz überwiegend Männer. Die Exegese der Bibel erfolgte und erfolgt in der katholischen Kirche durch Männer. Kirchenlehrer interpretierten die Bibel so, dass Frauen möglichst wenig Rechte hatten und immer noch nicht gleichberechtigt sind. Geistliche Ämter wurden und werden besetzt von Männern. Beschlüsse in der Kirche wurden und werden gefasst durch Männer. Gebote und Rituale wurden und werden bestimmt von Männern. Und ganz oben in der kirchlichen Hierarchie steht der Papst, gewählt von etwa 120 Männern! Reicht das fürs Erste?«

»Aber es gab doch auch bedeutende Frauen in der katholischen Kirche«, wandte Bruno ein.

»In dienender und angepasster Funktion«, betonte Frida »wurden sie von der Amtskirche auch wertgeschätzt, manche sogar heiliggesprochen. Aber das ändert doch nichts an der Tatsache, dass die Kirche ein lupenreines Patriarchat errichtet hat. Laut Bibel ist die Frau in der Regel für Kinder, Kochen und Kleidung zuständig. Und gehorsam soll sie sein.«

»Und das passt dir nicht.«

»Das passt mir nicht nur nicht, das stinkt mir gewaltig!«, bekräftigte Frida. »Mein Frauenbild ist ein anderes! Vor acht Jahren wollte ich sogar einmal Messdiener werden. Durfte ich nicht, weil ich ein Mädchen bin! Mit der Bibel konnte mir der Herr Pfarrer das Verbot nicht begründen, nur mit der kirchlichen Tradition.«

»Seit Ende des Zweiten Vatikanischen Konzils, also seit einem Jahr, ist es möglich, dass Mädchen als Messdiener fungieren können«, warf Bruno ein.

»Wie gnädig und barmherzig!«, spottete Frida.

»Da haben sich die alten Männer in ihren Purpurgewändern ja als ausgesprochen großzügig erwiesen. Eine revolutionäre Möglichkeit für die römisch-katholische Frau, sich in der Kirche zu verwirklichen und zu emanzipieren!« lachte Frida belustigt auf.

»Warum, schätzt du, werden Verhütungsmittel abgelehnt, Bruno? – Ich will es dir sagen: Weil die Sexualfeindlichkeit von Paulus und Augustinus bis heute in der römisch-katholischen Kirche nachwirkt. Immerhin hat ein Papst vor kurzem noch die Auffassung vertreten, dass der Ehemann seine Frau ›unkeusch‹ ansehe, wenn es nur um die reine Lust gehe.« [A44]

Bruno musste Frida gedanklich recht geben. Er merkte, wie er wieder in eine Position geriet, etwas zu rechtfertigen, wofür er nicht verantwortlich war. Deshalb schwieg er.

»Hat es dir mal wieder die Sprache verschlagen?«, ließ Frida nicht locker, weil sie auf eine Antwort erpicht war.

»Ich weiß nicht, ob sich für Frauen in der Kirche durch das Konzil sonst noch was verändert hat.«

»Mit Sicherheit nichts Wesentliches! Sonst wüsstest du es!«, erwiderte Frida und schloss gleich die nächste Frage an: »Hat sich denn in Bezug auf das sechste Gebot etwas geändert? Oder heißt es im Katechismus und im Gotteslob immer noch: ›Du sollst nicht unkeusch sein‹?«

»Weiß ich nicht, da bin ich nicht auf dem neuesten Stand.«

»Sag mal Bruno, ist dir eigentlich aufgefallen, dass du bei vielen Fragen zur katholischen Kirche nur mit den Schultern zucken kannst, obwohl du so intensiv katholisch erzogen worden bist? Gibt dir das als langjährigem Messdiener nicht zu denken?«

Bruno guckte starr vor sich hin, dann brach es aus ihm heraus: »Was willst du jetzt von mir hören? Dass ich auf der falschen Schule bin? Dass ich zu angepasst bin? Dass ich nicht schlau genug bin? Oder was?«

Er war gereizt, aber vor allem müde und abgekämpft. Irgendwie wollte er nur noch nach Hause. Er hatte die Diskussion über die Kirche und seine Rolle als Ansprechpartner und Vertreter der römisch-katholischen Lehre gründlich satt. Deswegen kam es ihm sehr gelegen, als Frida sagte, dass sie noch eine Freundin besuchen wolle.

»Na dann bis zur nächsten Tanzstunde«, sagte Bruno emotionslos.

Er war erleichtert, aber zugleich auch ernüchtert und enttäuscht. Ihm war klar geworden, dass Frida eine sehr anstrengende und beharrliche Gesprächspartnerin sein konnte, wenn es um die katholische Kirche und deren Moralvorstellungen ging. Und er spürte, dass es mit Frida als Freundin wohl nichts werden würde.

Zehntes Kapitel

Weihnachten 1966 war es das letzte Mal, dass Bruno vom Herrn Pfarrer als Messdiener eingesetzt wurde. Als Lektor, der letzten Stufe in der Hierarchie der Messdiener von St. Elisabeth, war es seine Aufgabe, die Lesung vorzutragen. Die Lesung war stets ein Text aus dem Alten Testament oder eine Erzählung aus den Briefen des Neuen Testaments. Beendet wurde die Lesung aus der Bibel durch den Lektor mit der Gebetsformel »Wort des lebendigen Gottes«, worauf die Gemeinde antwortete: »Dank sei Gott«. Die Verkündung des Evangeliums, ein Text von einem der vier Evangelisten, war dem Geistlichen vorbehalten, worauf die Gemeinde antwortete: »Lob sei Dir, Christus«. Nachdem der Gottesdienst beendet war, wünschte der Herr Pfarrer seinem Lektor alles Gute für das bevorstehende Abitur. Das war alles. Über ein kleines Buch zum Abschied hätte Bruno sich gefreut. Das aber gab es nicht, stattdessen die Ermahnung, im Glauben und im Gebet nicht nachzulassen.

Auf dem Weg von der Kirche nach Hause wurde Bruno von seinem Großvater begleitet, der über die Weihnachtstage zu Besuch war.

»Lass uns einen Abstecher zur Elbe machen«, schlug dieser vor. Bruno willigte ein. Er hatte das Gefühl, es würde ihm guttun, sich ein bisschen Wind um die Nase wehen zu lassen.

»Wie geht es dir, Bruno?«, begann Willi das Gespräch.

»Mir, na ja, also, es geht so.«

»Was ist los? Ich merk' doch, dass du was hast!«

Es dauerte eine Weile, bis Bruno antwortete.

»Ein Mädchen aus meinem Tanzkurs, in das ich mich vor ein paar Wochen verknallt habe, hat einen festen Freund. Das muss ich erst mal verdauen.«

Da Bruno sich zu diesem Thema nicht weiter äußern wollte und sein Großvater dieses spürte, gingen sie für eine kurze Zeit schweigend nebeneinander her.

»Und wie fühlst du dich jetzt als ehemaliger Messdiener?«, lenkte Willi das Gespräch auf ein anderes Thema.

»Schon komisch, wenn eine Sache im Leben beendet ist.«

»Bedauerst du es?«

»Nein, das nicht gerade. Ich habe nur das Gefühl, dass ich vieles eher aus Gewohnheit und nicht aus voller Überzeugung mitgemacht habe. Sonst könnte ich Glaubenskritikern und Nichtgläubigen mehr entgegensetzen.«

»Das denke ich nicht! Entweder, du glaubst, oder du glaubst nicht! Zum Diskutieren ist da wenig Raum!«

»Glaubst du denn an Gott, Willi?«

»Es gibt Momente, in denen ich an Gott glaube, und es gibt Zeiten, in denen ich zweifele.«

»Wieso zweifelst du?«

»Ich frage mich, warum Gott einen Menschen erschaffen haben soll, der zu so viel Bösem fähig ist. Warum werden unschuldige Menschen zu Opfern von Gewalt und Verbrechen? Ist solches Leid von Gott beabsichtigt?

Im Krieg sagten einige Menschen resigniert: ›Gott kann froh sein, dass er so weit oben wohnt, sonst hätte man ihm längst die Scheiben eingeschlagen.‹

Dennoch hoffe ich, dass mit dem Tod nicht alles vorbei

ist. Ich kann nicht alles mit meinem Verstand erfassen. Es ist für mich leichter, mit dem Glauben an einen gütigen Gott zu leben, dem ich mich anvertrauen kann.«

»Gehst du jeden Sonntag in die Kirche?«

»Nein!«

»Und warum nicht?«

»Weil ich Kirchengebote, Dogmen und Machtansprüche der Amtskirche ablehne. Da ist im Laufe der Kirchengeschichte viel manipuliert und getrickst worden, um Macht zu erweitern oder zu erhalten.«

»Kannst du ein Beispiel nennen?«

»Einige, wenn du willst.

Als erstes fällt mir das Papsttum ein. Die Gründung der Papstdynastie durch Petrus, angeblich legitimiert durch Worte Jesu, stufe ich als Legende ein. Den Papst als Oberhaupt der Christen gab es im ersten Jahrhundert nach Christus nämlich nicht. Erst die Gründung der Reichskirche durch Konstantin den Großen verhalf dem Bischof von Rom auf dem Konzil von Nicäa 325 zu seiner überragenden Rolle als Papst, die durch Kaiser Theodosius ein halbes Jahrhundert später noch ausgebaut wurde.

Weit mehr als nur Trickserei war die Konstantinische Schenkung, die wohl bedeutendste Fälschung des Mittelalters. Konstantin der Große hatte angeblich im 4. Jahrhundert dem römischen Bischof Territorium und Herrschaftsrechte vermacht. Diese Schenkungsurkunde hat sich im Nachhinein als eine Fälschung aus dem 8. Jahrhundert entpuppt. Mit diesem Betrug konnte die Kirche über viele Jahrhunderte Besitz- und Herrschaftsansprüche begründen. Die Fälschung ist erst im 15. Jahrhundert aufgedeckt worden. [A45]

Reicht dir das oder willst du noch mehr Beispiele?«

»Wenn du noch welche kennst, fände ich das interessant!«

»Nun ja. Ein besonders raffinierter machtbesessener Papst war zum Beispiel Gregor VII., der 1075 die Oberhoheit über alle weltlichen Amtsinhaber beanspruchte.

Sehr speziell war auch das Pontifikat von Alexander VI. zwischen 1492 und 1503. Dieser Papst, mit bürgerlichem Namen Rodrigo Borgia, ließ Adlige enteignen und politische oder kirchliche Gegner ermorden, um Macht und Besitz zu mehren. Seine Nachfolger nutzten die erweiterte Machtposition für ihre Interessen. [A46]

Wie zum Beispiel Papst Julius II., der zu Beginn des 16. Jahrhunderts die wahnwitzige Idee hatte, die größte Kirche der Welt, den Petersdom, bauen zu lassen, obwohl ihm dazu die finanziellen Mittel fehlten. Kurzerhand führte er den Ablasshandel ein, nach dem Sünden gegen Geld vergolten werden konnten.

Sein Nachfolger, Leo X. aus dem Hause der wohlhabenden Medici, war ebenfalls nicht zimperlich, wenn es um Machterwerb ging. Er hatte Kardinälen eine stattliche Summe Geld geboten, damit sie ihn wählten.«

»Abgesehen vom Ablasshandel habe ich davon nie etwas gehört.«

»Hab' ich als Jugendlicher auch nicht, weil die Kirchenoberen solche Machenschaften, die einzig und allein der Erweiterung ihrer Macht dienten, verständlicherweise nicht an die große Glocke gehängt haben. Damit konnte der Vatikan im Hinblick auf Wahrhaftigkeit und Nächstenliebe kaum für sich punkten.«

»Und ich habe immer gelernt, Jesus habe Petrus mit der Aufgabe des Papstes betraut.«

»Die römisch-katholische Kirche hat das so für sich interpretiert, die evangelisch-lutherische Kirche zum Beispiel nicht. Das vermeintliche Wort Gottes, die Bibel, lässt sich offensichtlich nicht so eindeutig auslegen, wie es die römisch-katholische Kirche gerne für sich in Anspruch nimmt. [A47]

Kirchenspaltungen sind ein Beleg dafür.« [A48]

»Und seit wann gibt es Kirchengebote?«

»Das Kirchengebot, an Sonn- und Feiertagen verpflichtend am Gottesdienst teilzunehmen, stammt vermutlich aus dem Jahr 305 n. Chr., der Synode von Elvira. Staatliche Sonntagsregelungen führte dann Kaiser Konstantin 321 n. Chr. ein. [A49]

An das Sonntagsgebot fühle ich mich nicht gebunden.«

»Hast du kein schlechtes Gewissen, wenn du sonntags nicht den Gottesdienst besuchst?«

»Anfangs hatte ich aufgrund meiner katholischen Erziehung Gewissensbisse, später nicht mehr. Ich habe mich auf Immanuel Kant besonnen, der gesagt hat: ›Habe Mut, dich deines Verstandes zu bedienen‹, und das versuche ich. Weder glaube ich alles, was von der Amtskirche kommt, noch befolge ich es, wenn ich es nicht als vernünftig und notwendig anerkenne.«

»Dann verstehe ich nicht, warum du noch Katholik bist!«, wunderte sich Bruno.

»In die katholische Kirche bin ich hineingewachsen. Seit frühester Kindheit habe ich mit meinen Eltern und Großeltern gebetet. Mit dem Tod verbinde ich die Hoffnung, dass die Seele weiterlebt. Eine Existenz Gottes ist für mich eine tröstliche Vorstellung. Den Dogmen und Geboten der Kirche kann ich allerdings nichts abgewinnen.«

»Warum?«

»Nimm zum Beispiel das Amt des Papstes und das damit verbundene Dogma der Unfehlbarkeit!

Nach Lehrmeinung der Kirche ist der Papst Stellvertreter Jesu auf Erden. Wenn er religiöse Vorschriften in Glaubensfragen – ex cathedra – erlässt, ist er unfehlbar. [A50]

Welche Anmaßung! Muss ich das glauben? Die Kirche sagt ja, meine Vernunft sagt nein!«

»Warum wechselst du nicht zu den Protestanten, wenn du die Rolle des Papstes nicht akzeptierst?«

»Mit dem Gedanken habe ich auch schon gespielt. Immerhin hat die evangelisch-lutherische Kirche aus meiner Sicht viel Ballast abgeworfen wie zum Beispiel das Patriarchat und den Pflichtzölibat.«

»Und warum tust du es nicht?«

»Ob ich nun katholisch oder evangelisch bin, kommt für mich fast auf das Gleiche heraus, wenn ich an das Grundsätzliche im Christentum denke.«

»An was denkst du?«

»Die Grundlage beider Konfessionen ist die Bibel. Sie wird von Katholiken und Protestanten nur unterschiedlich ausgelegt, jedenfalls zum Teil.

Die Gemeinsamkeiten liegen auf der Hand, wenn du das Glaubensbekenntnis dieser beiden christlichen Konfessionen vergleichst. Hier ist der Unterschied minimal. Die Katholiken bekennen sich darin zur ›heiligen katholischen Kirche‹, die Protestanten zur ›christlichen

Kirche‹. Ansonsten ist das Glaubensbekenntnis identisch. Diesem Glaubensbekenntnis stehe ich aber sehr skeptisch gegenüber. Ich weiß nicht, warum ich mich zu einem Text bekennen soll, der im 4. Jahrhundert unter sehr speziellen Umständen entstanden ist. Dieses Glaubensbekenntnis aus der Antike entspricht nicht meinen heutigen Glaubensvorstellungen. Deshalb lohnt sich ein Wechsel zu den Protestanten für mich nicht wirklich. Meine Zweifel sind umfassender.«

»Was meinst du damit?«

»Ich habe Schwierigkeiten damit, wie die Bibel benutzt wird, welchen Stellenwert sie hat und wie sie ausgelegt wird. Es mag ja sein, dass prophetische Frauen und Männer schon vor einigen tausend Jahren auf der Suche nach Gott waren und über ihre Lebenserfahrungen, Ängste und Sehnsüchte berichtet haben.

Aber warum sollen diese Erzählungen, im Alten Testament gesammelt, gleichzeitig das Wort Gottes sein? Warum sind es ›heilige‹ Schriften? Wer maßt sich an zu wissen, was Gottes Worte sind und was Gott will?«, guckte der Großvater seinen Enkel fragend an und schloss gleich zwei weitere Fragen an: »Woher nehmen Theologen die Gewissheit, dass Propheten das Wort Gottes verkündet haben?

Welcher Mensch kann wirklich von sich behaupten, Gott gehört zu haben oder ihm begegnet zu sein?«

»Weshalb bist du so skeptisch, Willi?«

»Auf mich wirken Offenbarungen, die die Grundlage der jüdischen, christlichen und islamischen Religion sind, irgendwie mysteriös und undurchschaubar. Ich frage mich, wie Offenbarungen zustande gekommen sind.«

»Warum ist das so wichtig für dich?«

»Weil es sich nach dem Verständnis dieser Religionen um das Wort Gottes handelt, das sie verkünden.«

»Glaubst du denn, dass Offenbarungen einfach erfunden worden sind?«

»Keine Ahnung«, antwortete Willi, »ob es sich dabei um das Ergebnis von Träumen, Einbildungen oder Gewissensentscheidungen handelt. Manche Offenbarungen resultieren sicherlich auch aus konkreten Lebenserfahrungen. Ich kann mir schon vorstellen, dass Menschen in ungewöhnlichen oder gar lebensbedrohlichen Lebenssituationen – bei Gewittern im Gebirge, beim Fasten in der Wüste oder auf einem Schiff in stürmischer See – vielfältige physische und psychische Erfahrungen machen und auf existentielle Herausforderungen sehr unterschiedlich reagieren. Vermutlich ist ein starker Glaube an die eigenen Fähigkeiten und an den Beistand eines höheren Wesens sehr hilfreich und gegebenenfalls ausschlaggebend für den Überlebenswillen in einer lebensgefährlichen Situation. Aber lassen sich aus solchen Erlebnissen Wort und Wille Gottes ableiten? Ist Gottes Wille das, was Menschen in solchen Situationen denken und fühlen?«

Willi guckte dabei seinen Enkel gespannt an, bevor er eine weitere Frage stellte: »Wie glaubwürdig wäre denn ein intellektueller Geistlicher heute, der nach einer riskanten Bergbesteigung im Himalaya verkünden würde, Gott habe sich ihm kurz vor dem Erreichen des Gipfels offenbart und mitgeteilt, dass die Kurie in Rom ihre Arbeit einstellen und das Vermögen der Kirche zur Bekämpfung der Armut verwenden solle? Wie würde die

Reaktion im Vatikan über diesen Intellektuellen wohl ausfallen? Würde man ihm einen guten Psychiater empfehlen, der mit Halluzinationen umzugehen weiß?«

Willi blieb stehen und wartete auf eine Reaktion von Bruno, die aber nicht erfolgte.

»Ein zweites Problem ist für mich, wie die Bibel ausgelegt wird. Mal wird eine Bibelstelle wortwörtlich von den Theologen übernommen, mal ist sie als mythischer oder als mystischer Text zu interpretieren, der eine symbolische Wahrheit enthält. Mal kommt es auf jedes einzelne Wort in der Bibel an, mal sind es Metaphern, die auslegbar sind, um kirchliche Positionen zu begründen und zu rechtfertigen.«

»Was meinst du damit?«

»Ich versuche, es am Beispiel der Schöpfungsgeschichte deutlich zu machen.

In der Bibel heißt es im ersten Buch Mose: ›Am Anfang schuf Gott Himmel und Erde. Und die Erde war wüst und leer, und es war finster auf der Tiefe; und der Geist Gottes schwebte auf dem Wasser. Und Gott sprach: Es werde Licht! Und es ward Licht.‹

Nach Erkenntnissen der Wissenschaft war es genau umgekehrt. Zuerst war die Sonne da. Dazu heißt es dann von Seiten der Kirche aus Rom: Das sind uralte Texte, die sind doch nicht wörtlich zu nehmen! Das ist symbolisch zu verstehen! Das wird doch schon an dem Zeitraum von den sieben Tagen deutlich. Andererseits wird die Erbsünde mit der Schöpfungsgeschichte nahezu wortgetreu begründet.

Ein anderes Beispiel aus dem Neuen Testament ist das Verbot einer zweiten Ehe, solange der erste Ehepartner noch lebt. Nach den Worten von Jesus heißt es laut Bibel: ›Was Gott verbunden hat, das darf der Mensch nicht trennen‹. Daran hält sich die katholische Kirche Wort für Wort. Was in der Bibel steht, gilt als gesetzt.«

»Das stört dich?«

»Ja! Es macht mich stutzig, wenn die Bibel als Quelle und Beleg für heutige Gebote und Verhaltensregeln benutzt wird. Zur Begründung ziehen Exegeten eine passende Stelle aus der Bibel heran. Die Heilige Schrift ist so zu einer Art Fundgrube für Theologen geworden, die mit ihren Interpretationskünsten meinen, Glaubenswahrheiten ableiten und den Willen Gottes genau erkennen zu können!«

»Welche Bedeutung hat die Bibel noch für dich, wenn du so vieles anzweifelst?«

»Für mich ist die Bibel weder das Wort Gottes noch ein Geschichtsbuch. Ich halte die Bibel für ein sehr bedeutendes Dokument der Kulturgeschichte. Die Bibel ist die Schrift, die unsere Geschichte und Kultur erheblich geprägt und beeinflusst hat. Denk nur an die Zehn Gebote und die damit verbundene Ethik. Oder an die vielen Erzählungen über menschliche Denk- und Verhaltensweisen, in denen viel Weisheit steckt.«

»Was genau kritisierst du im Umgang mit der Bibel, was lehnst du ab?«

»Den Absolutheitsanspruch, den die Kirche aus Texten der Bibel ableitet. Den finde ich aus heutiger Sicht anmaßend und unzeitgemäß. Schließlich handelt es sich um Erzählungen von Menschen, die vor zwei – bzw. dreitausend Jahren gelebt haben. Und seitdem hat sich nun wirklich einiges verändert, wenn ich nur an die Entwicklung von Demokratie und Menschenrechten denke.«

»Woran denkst du da?«

»Zum Beispiel an Texte über Ungläubige, die Herrschaft des Mannes, die Unterordnung der Frau sowie Texte über die Herrschaft von Gottes Gnaden!«

Bruno schwieg. Was sollte er auch sagen?

Dann fragte er: »Und welche Probleme hast du mit der Religion ganz allgemein?«

»Ich weiß nicht, ob die Religion aus mir einen besseren Menschen macht. Ist es zum Beispiel für Gott wichtig, zu welcher Tageszeit oder an welchem Tag in der Woche er angebetet wird? Oder was die Menschen wann essen dürfen? Nimmt Gott Anstoß daran, wenn Homosexuelle sich lieben? Ist das wider die Natur? Ist es gottgewollt, dass Frauen keine geistlichen Ämter ausüben dürfen?

Was maßen sich Religionsführer an, wenn sie Vorschriften in Form von Geboten, Regeln und Ritualen erlassen?«

Bruno guckte seinen Großvater überrascht an. Eine so radikale Position hatte er ihm nicht zugeordnet. Dann fuhr dieser fort: »Mach dir nur mal klar, unter welchen Umständen das Glaubensbekenntnis entstanden ist: Der römische Kaiser Konstantin hatte im Jahr 325 in Nicäa den Vorsitz der ersten Reichssynode der christlichen Kirche übernommen und darauf gedrängt, dass Jesus nicht nur Mensch, sondern auch Gott sei. Daraus leitete sich dann das Glaubensbekenntnis ab.« [A51]

»Warum war das wichtig?«

»Weil vorher viele Christen glaubten, dass Jesus ein

Mensch sei, der von Gott später auferweckt und schließlich in den Himmel aufgenommen worden sei.« [A52]

»Und was bedeutet das für dich, Willi?«

»Es ist für mich ein Beispiel dafür, dass Religionen das Produkt von Menschen sind und ein Instrument, um Macht über andere Menschen auszuüben. Für die griechisch-orthodoxe Kirche ist Jesus ein Heiliger, für Muslime ein Prophet, für die Juden ein Gelehrter, für die Christen der Sohn Gottes. Auf Jesus und die Bibel berufen sich eine ganze Reihe von christlichen Religionsgemeinschaften.

Sie legen die Bibel jeweils in ihrem Sinn aus. Das habe ich mir bewusst gemacht. Deshalb bestimme ich, wie ich meinen Glauben lebe.«

Am Hamburger Hafen angelangt schauten Bruno und Willi lange schweigend und nachdenklich auf die Elbe.

»Was sollte sich deiner Meinung nach ändern in der Kirche?«, fragte Bruno.

»Ganz viel, wenn sie noch eine Existenzberechtigung haben will«, lautete die spontane Antwort. [A53]

»Was zum Beispiel?«

»Das Wichtigste: Die Kirche muss glaubwürdig werden! Nicht Wasser predigen und Wein saufen!«

Bruno schaute seinen Großvater fragend an.

»Guck dir nur den Lebensstil der Prälaten an! Dann weißt du, was ich meine. Prunk und Pomp müssen verschwinden! Und: Die Kirche muss sich an dem Anspruch ihrer Botschaft messen lassen! Formen der Unterdrückung haben da keinen Platz!

Wenn die Kirche glaubwürdig sein will, muss sie sich

von ihrem vermeintlichen Wahrheitsmonopol und ihren Dogmen verabschieden, genauso wie von ihren Geboten und den Privilegien für ihre Amtsinhaber. Alle Ämter müssen auch Frauen zugänglich sein.

Erleben werde ich solche grundlegenden Änderungen wohl nicht mehr.«

»Warum bist du so skeptisch, Willi?«

»Weil die römisch-katholische Kirche erzkonservativ ist und an ihrer Macht festhält. Sie orientiert sich an der Bibel und ihrer Tradition.« [A54]

«Einige Traditionen, wie zum Beispiel an Nikolaus und Weihnachten, finde ich gar nicht so schlecht«, warf Bruno ein.

»So einfach stellt sich die Tradition der Kirche für mich nicht dar. Immerhin hat das Konzil von Trient 1547 die Tradition als gleichberechtigte Glaubensquelle neben der Bibel anerkannt.

Was aber gehört zur Tradition? Viele der Traditionen, auf die sich die Kirche beruft, sind nicht automatisch gut, weil sie schon so lange bestehen. Oder wie bewertest du die Jahrhunderte während Inquisition? Oder die mehr als tausendjährige Verfolgung der Juden? Oder die Zwangsmissionierungen? Oder die Benachteiligung von Frauen?

Hinzu kommt: Die von der Kirche propagierte Tradition ist nicht so aus einem Guss, wie es die Amtskirche gerne darstellt. Nach dem Konzil von Nicäa 325 war es so, dass nur jemand Papst werden konnte, der zuvor kein Bischof gewesen war, ›weil der Bischof als Bräutigam seiner Diözese galt und ein Wechsel nach Rom als geistlicher Ehebruch gegolten hätte.‹ [A55]

Bischöfe wurden im frühen Christentum generell vom Kirchenvolk gewählt. In Bezug auf ihre lange Tradition sollte sich die Kirche deshalb nicht so weit aus dem Fenster lehnen!«

»Wie soll sich in der Kirche unter den bestehenden Strukturen denn etwas verändern?«, fragte Bruno seinen Großvater neugierig.

Die Antwort ließ lange auf sich warten.

»Wenn du den Teich trockenlegen willst, darfst du nicht die Frösche fragen, heißt es in einem Sprichwort. Das sagt deutlich mehr zur Situation der römisch-katholischen Kirche aus als viele salbungsvolle Worte der Kurie in Rom. Deshalb habe ich wenig Hoffnung, dass sich in absehbarer Zeit etwas ändert.«

»Ich wusste gar nicht, dass du so viele Vorbehalte gegenüber der Kirche hast.«

»Vor dem, was ich sehe, höre und erlebe, kann ich nicht die Augen verschließen, auch wenn die katholische Kirche an der Basis, vorwiegend im caritativen Bereich, häufig Außerordentliches leistet.«

»Und du bleibst, trotz aller Kritik, katholisch?«

»Die Kirche ist meine spirituelle Heimat. Mit dem Kern ihrer Botschaft, der Mitmenschlichkeit und Solidarität, mit ihrem Engagement für Kranke und Schwache, kann ich mich identifizieren. Ebenso mit der Aufforderung, die Schöpfung zu bewahren.

Kirchliche Trauerfeiern, so habe ich es empfunden, können viel Tröstliches enthalten, wenn sie auf ein Leben nach dem Tod verweisen.

Nicht zu unterschätzen sind Gebete seit frühester Kindheit.

Vielleicht ist die Kirche für mich so eine Art vertrautes Geländer auf meinem Lebensweg, auch wenn es zwischendurch erheblich wackelt und knirscht.«

Nachwort

Und heute, im Jahr 2020, mehr als ein halbes Jahrhundert später? Wie ist mein Verhältnis zur Kirche jetzt?

Ich teile die Kritik meines Großvaters an der römisch-katholischen Kirche in vollem Umfang.

Oft kann ich über die starre dogmatische Haltung der Amtskirche nur noch den Kopf schütteln. Seit meiner Jugend hat sich in der römisch-katholischen Kirche so gut wie nichts verändert, was Glaubenslehre und Machtstrukturen betrifft. Beides wird mit der Bibel und der Tradition begründet.

Grundlegende Reformen sind für mich nicht erkennbar.

Stattdessen scheint die Amtskirche auf Zeit zu setzen. Genauer: auf langwieriges Aussitzen. Wie im Fall Galileo Galilei.

Dieser wurde erst 1992, also 359 Jahre nach seinem Inquisitionsverfahren, von der römisch- katholischen Kirche offiziell rehabilitiert. Das Urteil gegen Galilei sei ein »tragisches wechselseitiges Missverständnis« zwischen dem Wissenschaftler und den Richtern der Inquisition gewesen, verkündete der damalige Papst Johannes Paul II. [A56]

Zur Erinnerung: Im Juni 1633 musste Galilei vor dem Inquisitionstribunal im Büßerhemd seine Schuld eingestehen, »nämlich für wahr gehalten und geglaubt zu haben, dass die Sonne der Mittelpunkt der Welt und unbeweglich und die Erde nicht Mittelpunkt sei und beweglich.«

Galileis Erkenntnisse wurden von der Kirche als »Irrtum und Sektiererglauben« abgekanzelt, dem er abschwören musste, wenn er nicht verbrannt werden wollte.

Galileo Galilei hing an seinem Leben und schwor trotz besseren Wissens ab. [A57]

Ich vertrete heute Positionen, die vor 400 Jahren allemal für den Scheiterhaufen als Ketzer gereicht hätten, indem ich zum Beispiel Jesus als Sohn Gottes und die Bibel als Wort Gottes in Frage stelle.

Mit Gehorsam gegenüber der Amtskirche kann ich nicht mehr dienen.

Ein gelegentlich praktizierter Spruch meiner Mutter: »Mut hat auch der Mameluck, Gehorsam ist des Christen Schmuck«, sagt einiges über ihre Einstellung zur Religion und zu ihrer katholischen Erziehung aus. Der von ihr zitierte Zweizeiler wirft ein bezeichnendes Licht auf den katholischen Zeitgeist ihrer Kindheit und Jugend, als Gehorsam ein wesentlicher Bestandteil der katholischen Erziehung war. Die Pflicht zum Gehorsam wurde aus der Bibel, dem ersten Brief des Petrus, abgeleitet.

Ich fühle mich heute der evangelisch-lutherischen Kirche in vielerlei Hinsicht näher verbunden als der römisch-katholischen Kirche, allein schon wegen des natürlichen Umgangs mit der Sexualität und der Abschaffung des Patriarchats.

Auf Distanz zur protestantischen Kirche gehe ich auf Grund der antisemitischen Haltung Luthers, die weitreichende schlimme Folgen bis in die Zeit des Nationalsozialismus gehabt hat. Auch nicht nachvollziehbar ist für mich die These Luthers, dass das Schicksal des Menschen von Gott vorherbestimmt sei.

Das Neue Testament mit seiner zentralen Botschaft, sich menschlich und solidarisch zu verhalten, empfinde ich als Anregung und Mahnung für eine gerechtere Welt, nicht als Fundgrube und Nachweis für Dogmen und Gebote.

Trotz des Ratschlags meines Gemeindepfarrers, keine Mischehe einzugehen, habe ich genau dieses nicht umgehen können und wollen.

Bei der Erziehung meiner Kinder fehlten mir die Überzeugung und der Wunsch, ihnen die katholische Glaubenslehre näher zu bringen. Dafür hatten sich seit dem Ende meiner Schulzeit zu viele Vorbehalte gegenüber der Amtskirche angesammelt.

Viele Katholiken in Deutschland empfinden es seit den siebziger Jahren nicht als Sünde, die Pille und Kondome zur Empfängnisverhütung zu nutzen. Für die meisten katholischen Jugendlichen sei Sex vor der Ehe und Verhütung normal, so das Fazit einer Umfrage aus dem Jahr 2014. [A58]

Das könnte ein Grund dafür sein, dass viele junge Katholiken der Kirche den Rücken gekehrt haben und sich von ihr abwenden.

Als ein schwerwiegendes Problem hat sich das Gebot der sexuellen Enthaltsamkeit für Priester herausgestellt. Nach wie vor gilt in der römisch-katholischen Kirche: Wer sich zur Homosexualität bekennt, darf nicht Priester werden. Und für Priester ist zölibatäres Leben Pflicht. Beides empfinde ich als unverständlich, skandalös und verlogen!

Wenn ein Geistlicher sein Keuschheitsgelübde nicht einhalten kann und zum Beispiel ein Kind gezeugt hat, gilt nach wie vor in der römisch- katholischen Kirche die Strategie: vertuschen und den Mantel des Schweigens über den Sünder ausbreiten, wenn dieser seinen Fehler bereut und weiter als Priester arbeiten möchte. Dann ist die Amtskirche auch zu finanziellen Zugeständnissen gegenüber Mutter und Kind bereit. Unter Glaubwürdigkeit verstehe ich etwas anderes.

Was passieren kann, wenn Geistliche ihren sexuellen Trieb nicht ausleben können, ist durch viele Fälle sexuellen Missbrauchs bekannt: meistens gegenüber Schutzbefohlenen wie Heimkindern, Schülern, Messdienern oder Chormitgliedern. Und das in Bezug auf beide Geschlechter. Auch Nonnen gehören zu den Opfern, die häufig schwer traumatisiert sind! Nach Meinung von Psychologen kann es für Geistliche sehr belastend sein, wenn sie ihren sexuellen Trieb nicht ausleben können und ständig unterdrücken müssen. Das muss nicht in jedem Fall zu sexuellem Missbrauch führen, kann ihn aber begünstigen.

Umso unverständlicher ist es für mich, dass die römisch-katholische Kirche am Pflichtzölibat und an der Verteufelung der Homosexualität festhält.

Die hinhaltende Art und Weise, wie die Amtskirche dann häufig mit Opfern sexuellen Missbrauchs umgeht, ist aus meiner Sicht unwürdig und verletzend.

Das Festhalten am Pflichtzölibat hat nicht nur in Deutschland einen enormen Priestermangel zur Folge. Bisher scheint dies den Vatikan wenig zu kümmern, da viele Gemeinden in Deutschland heute von Priestern aus

Indien oder Südamerika betreut werden. So kommt die Christianisierung anderer Kontinente jetzt auch dem europäischen katholischen Fußvolk zugute. Der Missionierung sei Dank, kann ich da nur noch ironisch anmerken.

Völlig unverständlich finde ich Verlautbarungen der Amtskirche zur Empfängnisverhütung. Hier entscheiden geistliche ältere Herren in Rom über etwas, was sie nicht betrifft, und begründen ihre Haltung mit Moralvorstellungen, die sie aus der Bibel ableiten. Sie nehmen dabei in Kauf, dass die Bevölkerung auf der Erde in einigen Regionen so dramatisch zunimmt, dass Not und Elend vorprogrammiert sind.

Dass der aktuelle Papst Franziskus in der römisch-katholischen Kirche grundsätzliche Veränderungen durchführt, halte ich für unwahrscheinlich, auch wenn der aktuelle »Stellvertreter Jesu auf Erden« erkannt hat, dass die katholische Kirche sich sehr viel stärker gegen die zum Himmel schreiende Ungerechtigkeit zwischen Arm und Reich auf dieser Welt einsetzen müsse. Das Oberhaupt der Kirche räumte zudem ein, dass die Kirche sich wegen ihres Umgangs mit Homosexuellen bei denen entschuldigen müsse, die sie verletzt habe, ebenso bei den Armen, bei ausgebeuteten Frauen, bei Kindern, die zum Arbeiten gezwungen würden. [A59]

Ich habe am Beispiel meiner Eltern und Großeltern erlebt, dass eine Religion für den einzelnen Menschen hilfreich und tröstlich sein kann, wenn das tolerante Miteinander von Menschen respektiert wird. Auch die überwiegend engagierte Sozialarbeit in kirchlichen Gemeinden, Kindergärten, Pflegeheimen und Krankenhäusern hat mich vielfach beeindruckt. Wahrscheinlich sind es diese Erfahrungen, die mich noch immer irgendwie in der Kirche halten. Genauso wie Gefühle der Dankbarkeit gegenüber meinem »Schutzengel«, der mir in meinem bisherigen Leben vermutlich mehrfach zur Seite gestanden hat: bei schweren Unfällen mit Fahrrad, Motorrad und Auto.

Unberührt davon ist meine Kritik an der Amtskirche. So müsste meiner Überzeugung nach der Stellenwert der Bibel neuen Erkenntnissen der Wissenschaft angeglichen werden. [A60]

Welche Bedeutung kommt Texten aus der Bibel zu, wenn sie in so vielfältiger Weise ausgelegt werden können? Oder wenn eine Bibelstelle mit einer anderen Bibelstelle widerlegt werden kann? Welche Texte der Bibel sind nachträglich eingefügt worden, um päpstliche Machtansprüche zu rechtfertigen? Wie ist es zu antijüdischer Hetze im Neuen Testament gekommen, obwohl Jesus selbst sein Leben lang Jude war? Wie aussagekräftig und glaubwürdig sind Offenbarungen?

Neben einer umfassenden Textkritik der Bibel wäre es an der Zeit, dass sich die römisch-katholische Kirche ihrer historischen Verantwortung in vollem Umfang stellt. Dazu gehört auch die Rolle der Kirche während des Kolonialismus von 1500 bis 1960. [A61] Schließlich ist der Kolonialismus eine der wesentlichen Ursachen für Not, Elend und Ungerechtigkeit auf dieser Welt.

Allein nach Brasilien, dem ehemaligen portugiesischen Kolonialreich zwischen dem 16. und dem 19. Jahrhundert, wurden über 5 Millionen Sklaven aus Afrika verschleppt. [A62]

Und: Die Amtskirche müsste endlich damit beginnen, patriarchale Strukturen abzubauen und demokratische einzurichten.

»Auftreten statt austreten«, fordert Rainer Maria Schießler, ein Pfarrer aus München.[A63]

Ob das reicht, um in der römisch-katholischen Kirche bei den bestehenden Machtstrukturen etwas zu verändern, erscheint mir allerdings mehr als fraglich.

Ein Beispiel dafür, dass selbst der aktuelle Papst nicht so handelt wie er eigentlich gerne möchte, ist ein vor kurzer Zeit erfolgtes Dekret des Vatikans. Darin heißt es, dass Schwule nicht Priester werden dürften, auch wenn sie den Zölibat versprächen. Nur wenige Monate zuvor hatte Papst Franziskus sich noch dafür entschuldigt, wie die Kirche mit den Homosexuellen umgegangen sei. [A64]

Jede Zeit habe ihren eigenen theologischen Entwurf, hat mir vor kurzem ein Theologe erzählt.

Ist die Zeit nicht längst reif für einen neuen Entwurf, der moderne Erkenntnisse der Wissenschaften berücksichtigt?

Ein gemeinsamer Entwurf der Weltreligionen, der die Menschenrechte achtet und einbezieht, könnte möglicherweise unter Gläubigen friedensstiftend wirken. Ein solcher erscheint zur Zeit jedoch völlig unrealistisch, da sich noch nicht einmal Katholiken und Protestanten einigen können, die das Glaubensbekenntnis und die Bibel als gemeinsames Fundament ihrer Religionen haben.

Eine Einigung zwischen römisch-katholischer und

evangelisch-lutherischer Kirche steht seit 500 Jahren aus und ist, bei aller rhetorisch bemühten christlichen Nächstenliebe, offenbar nicht in Sicht. Es scheint den Kirchenoberen – und das ist wohl die eigentliche Tradition – weniger um Einigung als um Machterhalt zu gehen. Dabei wäre es an der Zeit, mit vereinten Kräften christliche Vorstellungen, Legenden und Mythen zu überprüfen. [A65]

Eine Religion, die nachweisbar ein Wahrheitsmonopol für den Willen Gottes, so es ihn gibt, besitzt, ist mir nicht bekannt. Religionen sind das Werk von Menschen, die besondere Interessen verfolgen. Das wird deutlich an den sogenannten »Heiligen Schriften«, die nach eigenem Verständnis angeblich auf Offenbarungen des einen wahren Gottes beruhen. Aus Offenbarungen sind unterschiedliche Religionen entwickelt worden, die sich durch präzise Regeln und strikte Gebote – immer mit dem Hinweis auf den vermeintlichen Willen Gottes – deutlich voneinander unterscheiden.

Ob das umfangreiche und auf Abgrenzung bedachte Regelwerk der einzelnen Religionen im Sinne des Gottes ist, auf den sich die monotheistischen Religionen berufen, darf bezweifelt werden. Zu oft wurden und werden Andersdenkende als »Ungläubige« diskriminiert und in vielen Regionen der Welt verfolgt. Zu oft wurden und werden »Heilige Schriften« nach den Interessen und Vorstellungen religiöser Führer und ihren Machteliten interpretiert und instrumentalisiert.

Die Beschäftigung mit der römisch-katholischen Kirche hat mich immer wieder in Erstaunen versetzt, wie zum

Beispiel die Ableitung der Erbsünde, die Begründung der Sexualmoral und die Entstehung des Glaubensbekenntnisses.

Meine Kritik an der römisch-katholischen Kirche hat durch meine Recherchen erheblich zugenommen. Das bedeutet nicht, dass ich die anderen Weltreligionen nun überzeugender oder glaubwürdiger finden würde. Meine Skepsis und meine Zweifel gegenüber Religionen und ihren »heiligen Schriften« sind insgesamt gewachsen.

Die Hoffnung der Religionen auf einen gütigen Gott teile ich, ihren Absolutheitsanspruch auf die Wahrheit nicht.

Mir ist bewusst, dass ich an der Haltung der Amtskirche nichts ändere, an der Haltung Einzelner vielleicht.

»Soll doch ein jeder nach seiner Facon selig werden.« Dieser Ansicht des mit Voltaire befreundeten Preußenkönigs Friedrich II. schließe ich mich an. Wenn der Glaube dazu beiträgt, ein Leben in Zufriedenheit und Gelassenheit zu führen, kann das für den Einzelnen nützlich sein. Immer unter der Prämisse: Der individuelle Glaube ist private Angelegenheit und respektiert Andersdenkende und die Menschenrechte.

Wenn aber Gebote und Regeln einer Religionsgemeinschaft von dem Einzelnen als bevormundend und ausgrenzend empfunden werden, ist es an der Zeit zu prüfen, von wem die einzelnen Gebote und Regeln stammen, warum und unter welchen Umständen sie entstanden sind, wem sie nützten und für wen sind sie heute von Vorteil sind.

Alle Religionen stehen vor dem gleichen Dilemma: Keine ist imstande, den Wahrheitsbeweis in Glaubenssachen zu liefern. Sämtliche Gottesvorstellungen beruhen auf Offenbarungen, die häufig auch noch widersprüchlich sind. Dennoch nehmen die Religionsgemeinschaften für sich in Anspruch, das »Wort Gottes« zu verkünden. Sie vermitteln den Eindruck, als würden sie den Willen Gottes genau kennen.

Der Eifer der Religionen, sich voneinander abzugrenzen, wirkt auf mich oft nur noch grotesk. Die folgende Anekdote ist ein Beispiel dafür:

Ein Rabbi liegt im Sterben. Ein Freund sitzt an seinem Bett und fragt den Todkranken, ob er noch einen letzten Wunsch habe.

»Ja«, sagt der Rabbi, »hole schnell einen katholischen Priester. Ich will konvertieren!«

»Warum, um alles in der Welt, willst du am Ende deines gottgefälligen Lebens noch die Religion wechseln?« fragt der Freund, um Fassung ringend.

Darauf der Rabbi:

»Es ist besser, wenn einer von den Anderen stirbt!«

Anmerkungen [A]

Zwei Ausgaben der Bibel wurden als Quelle benutzt:

a) Die Bibel oder die ganze Heilige Schrift des Alten und Neuen Testaments nach der deutschen Übersetzung D. Martin Luthers nach dem 1912 vom Deutschen Evangelischen Kirchenausschuß genehmigten Text Hergestellt in den Werkstätten der Privileg. Württ. Bibelanstalt, Stuttgart

b) Die Bibel Einheitsübersetzung Altes und Neues Testament Katholische Bibelanstalt GmbH, Stuttgart 1980

A1 vgl. Manfred Eder, Kirchengeschichte – 2000 Jahre im Überblick, Ulm 2014, 3. Auflage, S. 106/107, Auf dem 4.Laterankozil (1215) wurde die bis heute gültige Abendmahlslehre, die Lehre von der Transsubstantiation, definiert und dogmatisiert. Christi Leib und Blut seien im Sakrament des Altars unter den Gestalten von Brot und Wein wahrhaft enthalten (Realpräsenz), wenn durch göttliche Macht das Brot in den Leib und der Wein in das Blut wesensverwandelt würden.

Vgl. Bernhard Lang, Die 101 wichtigsten Fragen, Die Bibel, München 2013, S.110-112, Brot und Wein beim Abendmahl weisen auf das letzte Mahl von Jesus hin. »Die Umdeutung von Brot und Wein auf den Leib und das Blut Jesu entstammt der frühchristlichen Abendmahlsfeier.« Nach Lang brachte Jesus Brot und Wein als Opfer dar, als Symbole für den Leib und das Blut eines geschlachteten Opfertieres.

A2 Unter einem Dogma ist eine »lehrhafte Formulierung von Grundwahrheiten« zu verstehen. Nach Meinung der Amtskirche ist Dogma »jede von Gott in der Hl. Schrift oder der Überlieferung geoffenbarte Wahrheit, in der sie vom kirchlichen Lehramt verkündigt wird.« Dtv – Lexikon, Band 4, München 1971

Aktuell gibt es 245 Dogmen in der katholischen Glaubenslehre. Vgl. Wikipedia

A3 Das Evangelium versteht sich als frohe Botschaft, die von Jesus, dem in die Welt gekommenen Heiland, berichtet. Verfasst wurde es von den vier Evangelisten Matthäus, Markus, Lukas und Johannes.

vgl. Eder, M. a.a.O. S 212-218, Erst nach dem Zweiten Vatikanischen Konzil (1962-1965) wurde die Volkssprache als Liturgiesprache zugelassen.

»Lesungen« sind Texte der Bibel außer den Texten der vier Evangelisten im Neuen Testament.

A4 vgl. Eder, M. a.a.O. S. 45-46, »Die Taufe unmündiger Kinder war zunächst ein Sonderfall und blieb lange umstritten. Erst im 5. und 6. Jahrhundert setzte sich die Säuglingstaufe allgemein durch.«

Vgl. dtv-Lexikon Band 18, a.a.O. Die Taufe tilgt sowohl die Erbsünde wie etwaige sonstige Sünden, einschließlich aller Sündenstrafen, und verleiht dem Täufling die heiligmachende Gnade .. Sie ist für alle Menschen zum ewigen Heil notwendig«, so die katholische Kirche.

A5 vgl. dtv-Atlas Weltgeschichte Band 1 München 2003, 36. Auflage, S.123, Im Jahr 782 wurden in Verden an der Aller 4500 (Zahl wird bezweifelt) aufständische Sachsen hingerichtet.

Vgl. Geschichte in Gestalten, Fischer Lexikon, Hans Herzfeld, Frankfurt 1963, S.289, 230 Karl der Große;

»Eroberung und Mission gingen Hand in Hand, wenn auch die Methoden der Christianisierung gegen die Sachsen schon von seinen Zeitgenossen als unwürdig abgelehnt wurden.«

Vgl. Eder, a.a.O. S.78, »So wurden die blutigen Sachsenkriege… zur Zwangs- oder Schwertmission.«

A6 vgl. Eder, a.a.O. S. 100-103, Papst Urbans II. Appellen, Wallfahrt und heiligen Krieg zu verbinden, folgten etwa 60000 Männer und Frauen aus den unteren Bevölkerungsschichten und metzelten auf dem Weg nach Jerusalem schon in einigen Städten Nordfrankreichs und des Rheinlands Tausende von Juden hin. Es galt die Losung, dass jedem, der einen Juden erschlage, die Sünden vergeben würden.

Die Ritter brachen erst im August 1096 nach Jerusalem auf, wo sie 1099 ein Blutbad unter den Muslimen errichteten und die Juden bei lebendigem Leibe in einer Synagoge verbrannten. Der Erfolg des Ersten Kreuzzuges wurde als Wille Gottes gedeutet.

A7 vgl. Hans Küng, Ist die Kirche noch zu retten?, a.a.O. S.104 ff, Papst Innozenz III. initiierte zum Beispiel Kreuzzüge gegen die byzantinische Kirche (1202-1204) und gegen die Albigenser in Südfrankreich. (1215-1235) Küng sieht in ihm einen Papst, der für Prunk, Macht und Inquisition steht.

Vgl. auch Jürgen Osterhammel, Jan C. Jansen Kolonialismus, 7.Auflage – Originalausgabe München 1985 Koloniale Herrschaft von Europäern über große Teile der Erde war ein herausragendes Merkmal der Weltgeschichte zwischen etwa 1500 und 1960. Kolonialregime und Missionsträger seien in wechselndem Eifer gegen einheimische Glaubensüberzeugungen vorgegangen. »Im iberischen Bereich war die katholische Kirche seit Anbeginn ein integraler Bestandteil des Expansionsprojekts.«, S.101, In Mexiko zum Beispiel gelangten die Indios unter schrecklichen Despotismus der Mönche. S.103

A8 vgl. Eder, a.a.O. S. 213, Eder verbindet mit dem Konzil »das Bemühen, Anschluss an die Problemstellungen und Strömungen der Zeit zu finden«.

Vgl. Küng, a.a.O. S.155-158, Eine Neubelebung der Katholischen Kirche mit demokratischen Strukturen, Abschaffung des Pflichtzölibats, Ordination von Frauen sowie Maßnahmen zur Geburtenregelung (Empfängnisverhütung) scheiterte auch deshalb, weil Johannes XXIII. schon nach der ersten Konzilssession starb.

A9 vgl. Ebenda, Küng a.a.O., Unter Papst Paul VI. fand keine Erneuerung statt.

A10 vgl. Eder a.a.O. S.48, Ab dem 3. Jahrhundert gibt es eine Bußliturgie. Im Mittelalter hat sich dann die Ohrenbeichte entwickelt.

Vgl. Wikipedia, Die sogenannte Ohrenbeichte, das Beichtgespräch unter vier Augen mit einem Beichtvater, kam im 6. Jahrhundert mit den iroschottischen Mönchen nach Europa. Seit 1215 ist die Verpflichtung zur jährlichen Beichte ein katholisches Kirchengebot.

Vgl. Johannes B. Torello, Psychoanalyse oder Beichte, Wien 2005. Nach Meinung des Psychiaters und Theologen Torello hat die Etablierung der Ohrenbeichte die Macht der Kirche vermehrt und die Idee der persönlichen Schuld propagiert.

A11 vgl. Eder, a.a.O. S.142-147, Martin Luther vertrat

die Auffassung, dass der Mensch allein durch gläubiges Vertrauen (sola fide) die Seligkeit erlange. Er erhob die Heilige Schrift zur alleinigen theologischen Erkenntnisquelle.

Vgl. Geschichte und Geschehen A2, Stuttgart 2001,S 231 »In seiner siebenjährigen Amtszeit verbrauchte Leo X. die Einkünfte von drei Päpsten für seine Elefantenwärter, Musiker und Dichter, für Jagden und Karneval, für den Kauf antiker Handschriften und Aufträge an Baumeister und Maler wie z.B. Raffael.«

A12 vgl. Bernhard Lang, Die Bibel, München 2013, S.18-21, S.102, Der Pentateuch, Kernstück des Alten Testaments, zwischen dem 8. Und 4. Jahrhundert v. Chr. entstanden, ist von einer »ganzen Anzahl von Autoren« verfasst worden.

Vgl. Richard Elliott Friedman, Wer schrieb die Bibel, Köln 2007, S. 34, »Gegenwärtig gibt es wohl kaum einen aktiven Bibelforscher auf der ganzen Welt, der behaupten würde, dass die Fünf Bücher Mose auch von Mose geschrieben worden seien oder von irgendeiner anderen Einzelperson.«

Vgl. Gerhard Wisnewski, Die Bibel: Was ist Legende, was Wahrheit? In P. M. Perspektive Die Welt der Religionen S. 54, »Das 1. Buch Mose dürfte etwa im 10. Jahrhundert v. Chr. entstanden sein, die anderen Bücher bis zu fünf Jahrhunderte später.«

Vgl. Jan Assmann, Ein Gespräch über sein Buch »Exodus« in: FR vom 8./9. August 2015, S.32,33, Nach Assmann ist Mose ein Rätsel, denn der historische Mose habe wenig zu tun mit dem Mose der biblischen Tradition. Assmann ordnet das Alte Testament der Literatur zu und betont die großartige Verallgemeinerungsfähigkeit biblischer Erzählungen.

A13 Vgl. Erich Zenger, Der Gott der Bibel, Münster 1979, S.13, »Nicht wir begegnen Gott, sondern er begegnet uns – das ist die Grundüberzeugung der ganzen biblischen Tradition.«

Vgl. Die Bibel Einheitsübersetzung, Stuttgart 1980, Das Alte Testament, ohne Seitenangabe: »Die Bücher des Alten Testaments stammen von Verfassern, durch die Gott zu den Menschen spricht … Juden und Christen glauben an die Inspiration dieser Bücher durch den Geist Gottes . Die Bedeutung liegt in seinen Aussagen über Gott als den Schöpfer der Welt und den Herrn der Geschichte . Die Erzählungen der Urgeschichte sind weder als naturwissenschaftliche Aussagen noch als Geschichtsdarstellung, sondern als Glaubensaussagen über das Wesen der Welt und des Menschen und über deren Beziehung zu Gott zu verstehen … Der die Verfasser inspirierende Gott wollte… sein Heilsangebot und die typischen Reaktionen des Menschen darauf aufzeigen. Damit wollte er deutlich machen, dass er auch Sünder zu Trägern und Vermittlern von Segen und Heil erwählt.«

Vgl. Markus Tiedemann, Liebe Fanatiker, Frankfurt 2016, S.64, »Gläubige Menschen vertrauen darauf, dass ihre Religionen göttliche Wahrheiten verkünden. Dieser Wahrheitsanspruch geht weit über die Traditionen einer Kultur hinaus und erhebt oftmals den Anspruch, für alle Menschen verbindlich zu sein.« Zugrunde liege dabei die Beurteilung einer reinen Innenperspektive.

Vgl. dtv-Lexikon Band 13, 1972, Offenbarung. »Die unmittelbaren Empfänger der Offenbarung sind erleuchtete Menschen (Propheten), von denen die Gottesrede an andere weitergegeben wird ... Die kathol. Kirche beschreibt die O. als freie Herablassung Gottes zur Menschheit, als Enthüllung seines Wesens und seiner Erlösungsratschlüsse und Heilspläne. Durch die Schöpfung (natürliche O.) ist dies vorbereitet, durch die Verkündigung Christi und der Apostel vollendet (übernatürliche O.). Jeder Gläubige soll in der Stimme der lehrenden Kirche den sich offenbarenden Gott selbst vernehmen und ihr glauben.«

Vgl. Jan Assmann, Die mosaische Unterscheidung oder Preis des Monotheismus, München 2003, S.13, »Aus der welterschließenden Kraft dieser offenbarten Wahrheit schöpfen Religionen ihre antagonistische Energie, die es ihnen möglich macht, das Falsche zu erkennen und auszugrenzen und das Wahre in ein normatives Gebäude von Richtlinien, Dogmen, Lebensregeln und Heilslehren auszubuchstabieren.«

Ebenda S.14, Monotheistische Religionen »kennen Ketzer und Heiden, Irrlehren und Aberglauben...als Erscheinungsformen des Unwahren«, die denunziert, verfolgt und ausgegrenzt werden.

Vgl. Jan Assmann, Exodus, Die Revolution der Alten Welt, C.H. Beck Verlag, 2015, S.393, »Die Verkündung des Dekalogs erweist sich als Kern des Offenbarungsthemas. Die Verkündung der Zehn Gebote als göttlich-schöpferischer Akt sprachlicher Weltzuwendung ist nur mit der Weltschöpfung durch das Wort zu vergleichen.«

Vgl. Antje Vollmer, Gott im Kommen?, München 2007, S. 64, »Das Selbstverständnis der monotheistischen Religionen beruht auf eindeutigen Offenbarungen, die den Bruch mit allen bisherigen Traditionen betonen, vertiefen und als unumgänglich erklären. So bezieht sich die jüdische Religion auf die Offenbarung Gottes auf dem Sinai an seinen Mittler Moses, das Christentum auf die Offenbarung Gottes durch die Geburt und den Kreuzestod Jesu und der Islam auf die Offenbarung des endgültigen Willens Gottes im Koran an den Propheten Mohammed.«

A14 vgl. Lange Nacht der Weltreligionen: Prophetie und Gerechtigkeit, Thalia Theater, Hamburg 2016, S. 11-14, »Propheten waren religiöse Führer aus dem vorderasiatischen Kulturraum, die einen Monotheismus verkündeten, wie im Judentum, Christentum und Islam.«

Vgl. Dorothee Sölle und Luise Schottroff, Jesus von Nazaret, München 2000, S. 70, Propheten »vertrauten auf Gott, der ihnen die Souveränität gab, keine Angst mehr um Essen, und Kleidung zu haben . So gingen sie in die Häuser und sagten den Menschen ihre Botschaft: Gott ist nahe. Der Friede für das Volk ist erreichbar, wenn ihr aufsteht und miteinander für den Frieden arbeitet.«

Vgl. Antje Vollmer, Gott im Kommen?, München 2007, S. 122, »Der Prophet kritisiert die Macht, die politische Macht und nicht selten auch die religiöse Macht.«, S. 123 »Ein Prophet wählt sich nicht selbst, er wird gewählt, er ist selbst Träger einer Offenbarung, er hört einen Ruf, der an ihn ergeht.«, S.124 »Gelegentlich erfährt der Prophet auch Gottes Willen, den er zu verkündigen hat, in Form von Träumen, die von ihm dann gedeutet werden.«, S.125 »Ein Streit um die Wahrheit ist nur in monotheistischen Religionen denkbar.«

A15 vgl. Eder, a.a.O. S.62, Augustinus' Lehre von der Erbsünde wirkt bis heute nach in Bezug auf leib- und sexualfeindliche Tendenzen in der katholischen Kirche.

Vgl. Thomas Schirrmacher, Koran und Bibel, Holzgerlingen, 4. Auflage 2012, S. 93 »Die Erbsünde besagt, dass nicht nur der einzelne Mensch sündigt, sondern schon vor dem Begehen der ersten Sünde von der Sünde gezeichnet ist. Dieser ererbte Zustand der Ungnade vor Gott wurde durch den Sündenfall der ersten Menschen Adam und Eva ausgelöst und macht die kollektive Erlösung durch Jesus notwendig. Durch seine konkreten persönlichen Sünden bestätigt der Mensch die Erbsünde . Der Sünder kann durch Gottes Kraft der Sünde widerstehen. Wenn er dennoch sündigt , aber um Vergebung seiner Verfehlungen bittet, erfährt er Vergebung und neue Gemeinschaft mit seinem Schöpfer (1. Johannes 1,9).«

Vgl. Peter Köhler, Religionen, Hildesheim 2010, S. 78 »Die Sache mit der Erbsünde wird erstmals im Römerbrief (15,12 f.) formuliert, um zu erklären, wie der Tod in die Welt gekommen sei. Der Tod aber kann besiegt werden, wie Jesus gezeigt hat.« (1. Kor 15,21)

A16 vgl. Jochen Becher, »Jesus: Der große Unbekannte, den jeder kennt« in: P. M. Perspektive, a. a. O.S. 59-63, »Die Evangelien ernst nehmen heißt nicht, sie wörtlich zu nehmen. Die biblischen Erzählungen sind keine historischen Fakten.«

Die vier Evangelien und die paulinischen Briefe schildern nach Becher Gleichnisse, alltägliche Geschichten, die eine moralische Botschaft enthalten und die Vorstellung der Gleichheit vor Gott.

Die Quellenlage über Jesus, der nie ein Wort geschrieben habe, sei insgesamt spärlich, so Becher.

Vgl. auch Bernhard Lang, a.a.O. S.19 »Die Entstehungsgeschichte der Evangelien ist verwickelt. Weder Matthäus noch Johannes gelten der heutigen Forschung als unmittelbare Jünger Jesu. Matthäus konnte auf das um 70 n. Chr. entstandene Markus-Evangelium zurückgreifen.«

Vgl. Lang, a.a.O. S.59, Das Johannes-Evangelium ist vermutlich zu Beginn des 2. Jahrhunderts verfasst worden und basiert auch auf mündlicher Überlieferung. Als ältestes schriftliches Dokument des Christentums gilt der 1. Thessalonicherbrief von Paulus, der etwa im Jahr 50 verfasst wurde.

Vgl. Einheitsbibel a.a.O., Das Neue Testament, »Alle diese Schriften wurden etwa zwischen 50 und 120 n. Chr. abgefaßt . unter dem Beistand des Heiligen Geistes . Das älteste Evangelium stammt – nach kirchlicher Überlieferung – von Markus und ist um 70 n. Chr. verfaßt «

A17 vgl. Lang, a.a.O. S.80, »Alle Wundererzählungen wollen Jesus als einen Menschen von übermenschlichen Kräften feiern. Manche Wunder dürften nie stattgefunden haben… wie z. B. das Wandeln über den See.« In der Antike nahm man Wunder anders wahr als heute, weil man an Wunder glaubte. Möglicherweise hat Jesus Menschen geheilt, indem er bei ihnen durch seine charismatische Art Selbstheilungskräfte ausgelöst hat.

A18 vgl. Immanuel Kant: »Aufklärung ist der Ausgang des Menschen aus seiner selbst verschuldeten Unmündigkeit. Unmündigkeit ist das Unvermögen, sich seines

Verstandes ohne Leitung eines anderen zu bedienen. Habe Mut, dich deines eigenen Verstandes zu bedienen.« In: I. Kants Schrift »Beantwortung der Frage: Was ist Aufklärung?«, erschienen 1784 in der »Berlinischen Monatsschrift«.

Kant hat sich für Aufklärung, Mündigkeit und Kritik eingesetzt, die auch vor der Religion nicht Halt machte. Die preußische Kulturbehörde warf ihm deshalb Beleidigung des Christentums vor und er durfte über »Religionsdinge« nichts mehr veröffentlichen.

Vgl. Thomas Assheuer, »Was nun, Herr Kant?« in Die Zeit, 3.12.2015, S.49.

A 19 vgl. Eder, a.a.O. S. 94, 95, Papst Nikolaus II. setzte auf der Lateransynode von 1059 die priesterliche Ehelosigkeit durch. Unter Bannandrohung wurde die Einhaltung der priesterlichen Ehelosigkeit befohlen.

Auf der römischen Fastensynode von 1075 erließ sein Nachfolger Gregor VII. das Dictatus papae, in dem u. A. die Priesterehe verboten wurde und der Papst allein befugt war, Bischöfe einzusetzen und den Kaiser abzusetzen.

Die Priesterehe wird als Konkubinat (illegales Zusammenleben zweier Personen) denunziert und bestraft.

A 20 vgl. Küng, Ist die Kirche noch zu retten? S. 232, Die Priesterehe war viele Jahrhunderte selbstverständlich und ist es bei den orthodoxen Christen bis heute.

A21 vgl. Eder, a.a.O. S.93-95, Um Kirchenvermögen zu erhalten, sollten Priester unverheiratet sein und das Lehen sollte nicht unter Erben aufgeteilt werden können.

A22 vgl. Nach Küng, a.a.O. S.94, 95, schuf Gregor VII. eine absolute päpstliche Monarchie, eine auf den

Papst ausgerichtete Kirche. Mit dem Kirchenmodell des Neuen Testaments habe dies nichts mehr zu tun. Die Forderung, gehorsam gegenüber Gott und der Kirche zu sein, hat hier ihren Ursprung.

A23a vgl. Katholischer Katechismus 1955, S. 240,241

A23b vgl. Gotteslob, Katholisches Gebet – und Gesangbuch mit dem Eigenteil der Diözese Osnabrück, Osnabrück 1975, S. 127

A 24 vgl. Eder, a.a.O. S.45, 46, Die Taufe unmündiger Kinder war in den ersten Jahrhunderten des Christentums unüblich. Daher konnte die Firmung sehr rasch auf die Taufe erfolgen. Die Säuglingstaufe setzte sich erst im 5. und 6. Jahrhundert durch.

A 25 vgl. Eder, a.a.O. S.53-55, In der frühkirchlichen Überlieferung war das Verhältnis zwischen Gott (Vater), Sohn (Jesus) und Geist weithin unbestimmt und ungeklärt. Um der Zerstrittenheit – Arius in Alexandria z. B. vertrat um 300 n. Chr. die Meinung, dass Jesus nicht wesensgleich mit Gott sei und berief sich dabei auf das Neue Testament, in dem nirgends von Jesus als Gott die Rede sei – ein Ende zu machen, beschloss das Konzil von Nicäa 325 n. Chr. die Formel: »Wahrer Gott vom wahren Gott, gezeugt, nicht geschaffen eines Wesens mit dem Vater.« Diese Formulierung richtete sich gegen die Anhänger des Arianismus, die behaupteten, Jesus sei Gott nur ähnlich, aber nicht gleich.

Im Konzil von Konstantinopel 381 wurde die Lehre von der Dreifaltigkeit dann ausgebildet und im Glaubensbekenntnis verankert, das bis heute gilt.

Das Konzil von Chalkedon 451 n. Chr. legte als Dogma fest, dass in der Person Jesu eine göttliche und eine menschliche Natur existiere, die weder vermischt, noch voneinander getrennt werden könnten.

A 26 vgl. Eder, a.a.O. S.57, Auf dem Konzil von Ephesus im Jahr 431 wurde festgelegt, dass Maria als Gottesgebärerin zu verehren sei.

Vgl. ebenda, S.186, Papst Pius IX. erklärte 1854, dass die Jungfrau Maria im ersten Augenblick ihrer Empfängnis von der Erbsünde bewahrt worden sei, also bei ihrer Geburt durch ihre Mutter Anna.

Vgl. Lang, a.a.O. S.43, Nach katholischer Tradition gilt Jesus als Sohn einer Jungfrau. Für den Sohn Gottes sei ein irdischer Vater nicht notwendig.

A 27 vgl. dtv-Lexikon Band 5

Vgl. FR vom 19. 9. 2016, S. 36, »Der berühmteste Teufelsaustreiber der katholischen Kirche ist tot. Pater Gabriele Amorth starb im Alter von 91 Jahren in Rom, wie Radio Vatikan am Wochenende meldete. Zur Teufelsaustreibung gehören das Besprengen mit Weihwasser, die Anrufung Gottes und das Handauflegen.« Amorth hatte 1990 die Internationale Vereinigung der Exorzisten gegründet, die 2014 vom Vatikan offiziell anerkannt wurde.

A 28 vgl. Eder, a.a.O. S.119 und 170, Die Inquisition ist ein Verfahren der Kirche gewesen, dass der Aufspürung und Aburteilung getaufter Irrlehrer und ihrer Anhänger diente sowie zum Schutz der göttlichen Weltordnung und zum ewigen Heil der Gläubigen eingesetzt wurde.

Vgl. Küng, »Ist die Kirche noch zu retten?« a.a.O. S.220-223, Papst Innozenz IV. erlaubte zur Erzwingung eines Geständnisses die Folter.

Vgl. Geschichte und Geschehen Stuttgart 1995, S.118,

120, Die Inquisition wurde 1215 in Rom auf dem 4. Laterankonzil eingeführt, um zunächst Ketzer wie z. B. Albigenser oder Waldenser in Südfrankreich zu bekämpfen.

A29 vgl. Peter Wensierski, Gottes willige Vollstrecker, in: Der Spiegel, Inquisition 1.6.1998, S.74-87, S.75, »Über mehr als 5 Jahrhunderte wurden Schätzungen zufolge zwischen einer und zehn Millionen Menschen zum Tode befördert, die meisten bei lebendigem Leib verbrannt.«

S.82, »In Bamberg wurden in einem einzigen Jahr 600 Frauen als Hexen hingerichtet.«

Vgl. Eder, a.a.O. S.171, In Europa dürften zwischen 1430 und 1782 50000 bis 60000 Menschen dem Hexenwahn zum Opfer gefallen sein.

Vgl. Kathrin Utz Tremp, »Frauen, die der Teufel reitet« in: Zeit Geschichte Die Kirche und ihre Ketzer Nr. 3 2014 S.70, »Bis zu 60000 Menschen fielen den Hexenverfolgungen im frühneuzeitlichen Europa zum Opfer.«

A30 Vgl. Geschichte und Geschehen a.a.O. S. 204-211, Die Kirche hatte Angst, Einfluss zu verlieren, wenn Menschen nicht mehr an die Hilfe Gottes glaubten, sondern Menschen mit magischen Kräften vertrauten.

A31 vgl. Wensierski, in: Der Spiegel vom 1.6.1998 S. 77, »Die Angeklagten hatten keinerlei Rechte, der Ankläger amtierte zugleich als Richter, Kinder mussten ihre Eltern, Frauen ihre Männer, Männer ihre Frauen denunzieren. Folter war nicht nur erlaubt, sondern geboten.«

A32 vgl. Der Spiegel a.a.O., S.88-91, S.91, »Erst 1992 räumte der katholische Oberhirte offiziell ein, Galilei sei vor 360 Jahren Unrecht geschehen.«

A33 vgl. Küng Ist die Kirche noch zu retten? a.a.O. S.100, 101, Nach Augustinus wird die Erbsünde durch den Geschlechtsakt auf jedes neue Menschenwesen übertragen. Geschlechtslust um ihrer selbst willen ist nach Augustinus sündhaft und sei deshalb zu unterdrücken.

A 34 vgl. Lang, a.a.O. S.37, Sex war im Paradies verboten. Nach Lang hat der »Baum der Erkenntnis« zwei Bedeutungen: »Erkenntnis« und »Beischlaf«. Verboten sei der »Baum des Beischlafs« gewesen. Hinter der biblischen Geschichte stecke eine ältere Geschichte, nach der die ersten Menschen zur Liebesfrucht gegriffen hätten und dafür von den Göttern bestraft worden wären.

A35 vgl. Lang, a.a.O. S.38, Die meisten Frauen in der Bibel, abgesehen von einigen Ausnahmen, waren Hausfrauen, gemäß der damals herrschenden Rollenverteilung.

Vgl. Eder, a.a.O. S.51, »Unter dem Einfluss patriarchalischer Traditionen nistete sich die Ansicht einer Minderwertigkeit der Frau auch in der christlichen Kirche ein.«

A36 vgl. Hans Küng, Große Christliche Denker, München 1994, S.100-105 S.101,» auch der ältere Mensch in der Ehe hat sich Augustin zufolge im Kampf gegen die geschlechtliche Begierde um Keuschheit zu bemühen und gegen die immer wieder einbrechenden sexuellen Phantasien anzugehen.«

A37 vgl. ebenda, S.138-143, Thomas von Aquin (1224-1274) übernimmt die Vorstellung von der Erbsünde, die Augustinus entwickelt hat und verstärkt die Minderwertigkeit der Frau, indem er zum Beispiel behauptet, die Frau sei von Natur aus dem Mann unterworfen, da im Mann die Unterscheidungskraft der Vernunft reichhaltiger vorhanden sei.

A38 vgl. Hans Biedermann, Die Großen Mütter, Bern und München 1989, S.100-118, Nach Biedermann ist das durch die Bibel vermittelte Bild von der verführenden Eva für eine Verteufelung der Frau und damit auch der Sexualität mitverantwortlich. Aber die Ursünderin Eva ist seiner Meinung nach nicht die einzige Frau, die von der Mythenbildung negativ besetzt wurde. So zeige die Gestalt der Pandora, dass Frauenfeindlichkeit und Angst vor Frauen nicht allein dem Christentum zugeschrieben werden könnten.

A39 vgl. Eder, a.a.O. S.174, 175, Im 19. Jahrhundert geißelte die katholische Kirche jede Kritik am bestehenden Kirchenwesen als verderbliche Aufklärung, als mangelnde Rechtgläubigkeit und als Verrat am Papsttum.

Vgl. Markus Tiedemann, Liebe Fanatiker, Frankfurt 2016, S. 97, Die Päpste verurteilten die erste Erklärung der Menschenrechte von 1789. Gottes Naturrecht sehe vor, dass es Herrscher und Diener gebe und der Mensch durch die Erbsünde belastet sei. Erst nach dem Zweiten Weltkrieg wurde der Allgemeinen Erklärung der Menschenrechte von 1948 zugestimmt.

A40 vgl. Eder, a.a.O., S. 209, Die Reichspogromnacht vom 9. November 1938 (»Reichskristallnacht«) blieb ohne öffentlichen Protest seitens der katholischen Kirche.

A41 vgl. Der Appell des Dalai Lama an die Welt, Wals bei Salzburg 2016, S. 9, »Seit Jahrtausenden wird Gewalt im Namen von Religionen eingesetzt und gerechtfertigt. Religionen waren und sind oft intolerant. Um politische oder wirtschaftliche Interessen durchzusetzen, wird Religion oft missbraucht oder instrumentalisiert- auch von religiösen Führern.«

Vgl. Nicola Abe, Jens Glüsing u.a., »Gottes unheimliche Macht« in: Der Spiegel vom 26.3.2016, S.12-20, Monotheistische Religionen...eignen sich »besonders gut für Hasspropaganda und die Abgrenzung von Andersgläubigen ... Den Krieg in der Ostukraine bezeichnet das Oberhaupt der Russisch-Orthodoxen Kirche Kirill als heilig ... Politische Instrumentalisierung ist in allen Glaubensrichtungen möglich.«

A42 vgl. Dalai Lama, a.a.O. S.32, »Wirkliche Gleichwertigkeit und Gleichberechtigung von Frau und Mann sind eine wichtige Voraussetzung für eine bessere Welt. Auch hier haben alle Religionen Nachholbedarf.«

Vgl. Papst Franziskus: Frauen sollten »Zugang zu Aufgaben und auch kirchlichen Diensten haben, die nicht die heiligen Weihen erfordern, und es ihnen ermöglichen, ihren eigenen Platz besser zum Ausdruck zu bringen. (.) Die Frauen leisten ihren Beitrag zur Kirche auf ihre eigene Weise und indem sie die Kraft und Zärtlichkeit der Mutter Maria weitergeben.« Zitiert nach Hamburger Abendblatt vom 13.2.2020, wonach der Papst auch ein Diakonat für Frauen ausschließt.

A43 vgl. Hans Küng, Was ich glaube, München 2012, S.307, »Ein Frieden zwischen den Religionen ist möglich, ist notwendig.«

A44 vgl. Hans Küng, Was ich glaube, a.a.O. S. 263, Küng ordnet diese Position Papst Johannes Paul II. zu.

A45 vgl. Manfred Eder, a.a.O. S. 75-77, Die Wirkung der «Schenkung" ist sehr bedeutend, da mit ihr der Kirchenstaat und der Anspruch auf die geistliche Weltherrschaft über Jahrhunderte begründet wurden.

A46 vgl. Hans Herzfeld, Geschichte in Gestalten, Band 1, Frankfurt 1963, S.52, »Obwohl Alexanders VI. gewalttätige Eroberungspolitik im Gebiet des Kirchenstaats zunächst nur auf die Erhöhung der Hausmacht der Borgia zielte, schuf sie die Grundlage, auf welcher seine Nachfolger die päpstliche Territorialmacht ausbauten.«

A47 vgl. Thomas Schirrmacher, Koran und Bibel, Holzgerlingen 2012, 4. Auflage, S.25, Ein Bibeltext bedarf der Erläuterung, damit er verstanden wird.

A48 vgl. Eder, a.a.O. S.84-86, S. 124-129, Im Jahr 1054 kam es zur Spaltung der Orthodoxen Kirchen des Osten mit der römischen Kirche. Papst Leo IX. und Patriarch Kerullarius exkommunizieren sich gegenseitig. Orthodoxe und katholische Kirche trennen sich. Das Schisma besteht bis heute. Ein Streitpunkt war u.a. die Priesterehe.

Im Dezember 1520 bezeichnete Martin Luther den Papst als Antichrist, woraufhin der Papst den Bann über Luther aussprach. Vorausgegangen war Luthers Thesenanschlag von 1517. Seit dem 16. Jahrhundert gibt es die Trennung zwischen Katholiken und Protestanten.

1871 trennten sich die Altkatholiken von der römisch-katholischen Kirche ab, vor allem wegen der Unfehlbarkeit des Papstes in Glaubensfragen. Vgl. S.191, 192

A49 vgl. »Sonntagspflicht«, Begründet wird selbige mit dem 7. Tag der Schöpfung (Genesis) und dem Auferstehungstag von Jesus. Der älteste Nachweis der Pflicht zum Messbesuch sind Beschlüsse der Synode von Elvira (vermutlich 305 n. Chr.). Staatliche Sonntagsregelungen erfolgten z.B. durch Kaiser Konstantin 321 n. Chr. und durch Karl den Großen im Jahr 799.

A50 vgl. Eder, a.a.O. S.188-190, Wenn der Papst »ex cathedra« entscheidet, dass eine Glaubens- oder Sittenlehre von der gesamten Kirche festzuhalten ist, dann besitzt er … Unfehlbarkeit.

A51 vgl. Eder a.a.O. S.52-57, Das Konzil von Nicäa (325 n. Chr.) legte fest, dass Gott ein dreieiniger Gott sei. Die Konzilien von Ephesus (431) und Chalzedon (451) befassten sich mit der Frage, ob Jesus zugleich Gott und Mensch sei und wie das Verhältnis zwischen seiner göttlichen und menschlichen Natur sei. Auf dem Konzil von Chalzedon wurde die Lehre festgelegt, dass Jesus wahrer Mensch und wahrer Gott sei.

Vgl. auch Schirrmacher, a.a.O. S.89.

A52 vgl. Jochen Becher, »Jesus, der große Unbekannte, den jeder kennt«, in: Die Welt der Religionen P. M. Perspektive a.a.O. S.62,63, Ein in sich stimmiges Jesus-Bild geben die Quellen nach Becher nicht her.

Vgl. Lang, a.a.O. S. 133, Frühchristliche Auffassung sei gewesen, dass Gott Jesus nach seinem Tod zum Messias erhöht habe.

Ebenda, S.110, »Für Markus ist Jesus der geistbegabte Prophet, für Matthäus und Lukas der von Maria geborene Gottessohn, für Johannes der in die Welt gekommene Gott.«

A53, vgl. Küng, a.a.O. S.223-235 und S. 256, Nach Küng ist eine Kirche, die sich am Mittelalter orientiert, die patriarchal ausgerichtet ist, die ideologisch verengt ist, die undemokratisch ist, die einen Absolutheitsanspruch vertritt, nicht mehr zu retten.

A54 vgl. Eder, a.a.O. S.160, Das Konzil von Trient (1545-1563) erkannte 1547 die Tradition als gleichberechtigte Glaubensquelle neben der Bibel an.

A55 vgl. Hubert Wolf, »Der Papst ist kein Oberstudienrat« in FR vom 11./12. 2. 2017, S.24/25, Der Kirchenhistoriker Wolf im Interview über die Geschichte des Konklave und Traditionen in der Kirche: »Der Papst ist kein Oberstudienrat… Er ist der ›Stellvertreter Christi auf Erden‹.

A56 vgl. Der Spiegel vom 1.6.1998, »Tragisches Mißverständnis«, S.88-91, »Jetzt versucht der Vatikan, den Schaden zu reparieren.«

A57 ebenda, siehe A56

A58 Vgl. Vatikan-Umfrage zur katholischen Sexualmoral in: Der Spiegel vom 27.1.2014, S.32-40

A59 Vgl. FR vom 28.6.2016 S. 7, »Papst ermahnt seine Kirche«, »Christen sollen um Vergebung bitten«

A60 Vgl. Gerd Lüdemann in FR vom 5.7.2016, Der Neutestamentler Lüdemann vertritt die Ansicht, dass allenfalls fünf Prozent der Jesus zugeschriebenen Worte wirklich von ihm seien.

Vgl. Lüdemann in FR vom 13/14. 5. 2015, »Der historische Wert des Alten Testaments im Sinne einer Entsprechung von Bericht und Hergang beläuft sich auf der gegenwärtigen Erzählebene auf weniger als ein Prozent, nach Rekonstruktion der verwendeten Überlieferungen auf weniger als fünf Prozent.«

Vgl. Franz Alt, »Frohbotschaft statt Drohbotschaft« in Die Zeit vom 3. Januar 2019 F. Alt bezieht sich auf den Jesus-Forscher Günther Schwarz: »Mehr als 50% aller Jesus-Worte, die uns aus dem Griechischen überliefert sind, sind falsch übersetzt oder bewusst gefälscht«, so zum Beispiel die Bibelstelle über Petrus, er sei der Fels, auf den der Herr seine Kirche baue. Laut aramäischer Übersetzung sei aber nicht Petrus, sondern Jesus mit Fels gemeint gewesen. Somit fuße das Papsttum auf einer Fälschung.

Vgl. Gottfried Beyvers, Argumente kontra Religion, Aschaffenburg 2018, S.71 »Keiner der Evangelisten schreibt auch nur ein einziges Wort darüber, dass er sich selbst beim Schreiben göttlich inspiriert gefühlt habe. Gleiches gilt für Paulus, der viele Briefe des Neuen Testaments verfasst hat.«

A61 Vgl. Jürgen Osterhammel, Jan C. Jansen, Kolonialismus, München 2009, 6. Auflage, S.103-106.

A62 Vgl. Boris Herrmann, Stadt auf Knochen, in: Süddeutsche Zeitung vom 21/22. 1. 2017, Nach Herrmann ist Rio durch die Ausbeutung der Sklaven groß geworden. Nur keiner spreche darüber.

A63 Vgl. Rainer M. Schießler, Himmel, Herrgott, Sakrament – Auftreten statt austreten, München 2016

A64 Vgl. Matthias Drobinski, Der zerrissene Papst, in Süddeutsche Zeitung vom 12.12.2016; siehe auch Anmerkung 56

A65 Vgl. Heiner Geißler, Kann man noch Christ sein, wenn man an Gott zweifeln muss?, Berlin 2017, S.7 » nichts hat dem Gott des Evangeliums mehr geschadet als bestimmte Gottesvorstellungen der Theologie … und die Untaten, die Christen im Namen ihres Gottes begangen haben und immer noch begehen.«

Vgl. Albert Einstein, sogenannter »Gottes Brief« von 1954 an den deutschen Philosophen Eric Gutkind: »Das

Wort Gott ist für mich nichts als Ausdruck und Produkt menschlicher Schwächen, die Bibel eine Sammlung ehrwürdiger aber reichlich primitiver Legenden.« In FR vom 6. 12. 2018

Vgl. Gottfried Beyvers, Argumente kontra Religion, Aschaffenburg 2018, S. 163 »Jesus hatte nie im Sinn, eine Kirche zu gründen .Beweis hierfür ist die vielfache Erwähnung des Weltuntergangs , was noch zu Lebzeiten der Gesprächspartner Jesu eintreten solle.«

Vgl. Franz Alt »Frohbotschaft statt Drohbotschaft« in: Die Zeit vom 3.1. 2019 »Obwohl der aramäische Jesus niemanden ausgrenzte, ließen die Kirchen den griechischen Jesus sagen: »Wer nicht für mich ist, ist gegen mich.« Aus einer Frohbotschaft wurde eine Drohbotschaft… die Kirchen verlegten sich auf Zwangsmissionierung und Besserwisserei. So verlor das Christentum an Glaubwürdigkeit: Nach der Aufklärung blieben die Arbeiter weg, im 20. Jahrhundert die Frauen, heute gehen die meisten Jugendlichen gar nicht erst hin…«

Vgl. Ronald Hendel in: Der Spiegel, »Die Helden der Bibel« vom 21.12.2019:

»Die hebräische Bibel ist ein Amalgam aus Folklore, Geschichtsschreibung, Politik und kulturellem Gedächtnis.« Vgl. Yosef Garfinkel, ebenda, »Die Bibel ist der wichtigste intellektuelle Beitrag dieser Region zur Weltgeschichte.«

Vgl. Dietmar Pieper, ebenda, »In 692 Sprachen hat sich die Bibel um den Erdball verbreitet …

Sie hat Kulturen und Gesellschaften geprägt und tut es noch heute .

Erst haben die Christen die alten Geschichten über-

nommen. Dann knüpften die Muslime daran an. Der
Koran ist voll von Erzählungen über Adam und Eva,
Noah, Abraham, Mose, David, Salomo und die Königin
von Saba.«

Danksagung

Danken möchte ich allen, die mir bei der Erstellung des Buches mit Rat und Tat zur Seite gestanden haben.

Mein besonderer Dank gilt meiner Frau Cornelia für ihre Geduld bei meinen Schreibbemühungen.